O Menino, a Toupeira, a Raposa e o Cavalo

A História em Movimento

Este livro é dedicado
a você, leitor.
Lembre-se sempre de que
você importa e de que
existem coisas que só você
pode trazer para este mundo.

O MENINO, A TOUPEIRA, A RAPOSA E O CAVALO
UMA HISTÓRIA EM MOVIMENTO

Charlie Mackesy

SEXTANTE

Olá

Espero que você esteja bem, onde quer que esteja no mundo. Há algum tempo escrevi um livro – o que foi uma surpresa porque não sou muito bom de leitura.

Ele fala de um menino, uma toupeira, uma raposa e um cavalo. O menino está solitário, perdido e cheio de perguntas quando a toupeira aparece pela primeira vez. A toupeira é doida por bolo. A raposa fica em silêncio, cautelosa, porque já se machucou bastante nessa vida. O cavalo é a maior criatura que eles já encontraram, mas também é a mais gentil.

Juntos, eles vivem uma aventura no desconhecido.
Na verdade, eu não sabia muito bem como o livro seria recebido. A grande surpresa foi que algumas pessoas gostaram dele.

Por isso decidimos fazer um filme inspirado no livro. A jornada de animar os personagens e dar-lhes vida tem sido uma aventura que eu nunca teria imaginado. As pessoas talentosíssimas com que trabalhei foram gentis pois aquilo estava muito além da minha capacidade.

Mas, no final das contas, conseguimos. E aqui estamos nós. Este é o livro do filme que fizemos. Espero que ele o agrade e que o encoraje de algum modo — talvez até mesmo alegrando-o ou trazendo lembranças do filme, caso você o tenha visto. E, se não o viu, espero que goste do livro de qualquer maneira.

Obrigado. Receba todo o meu amor.

Charlie x

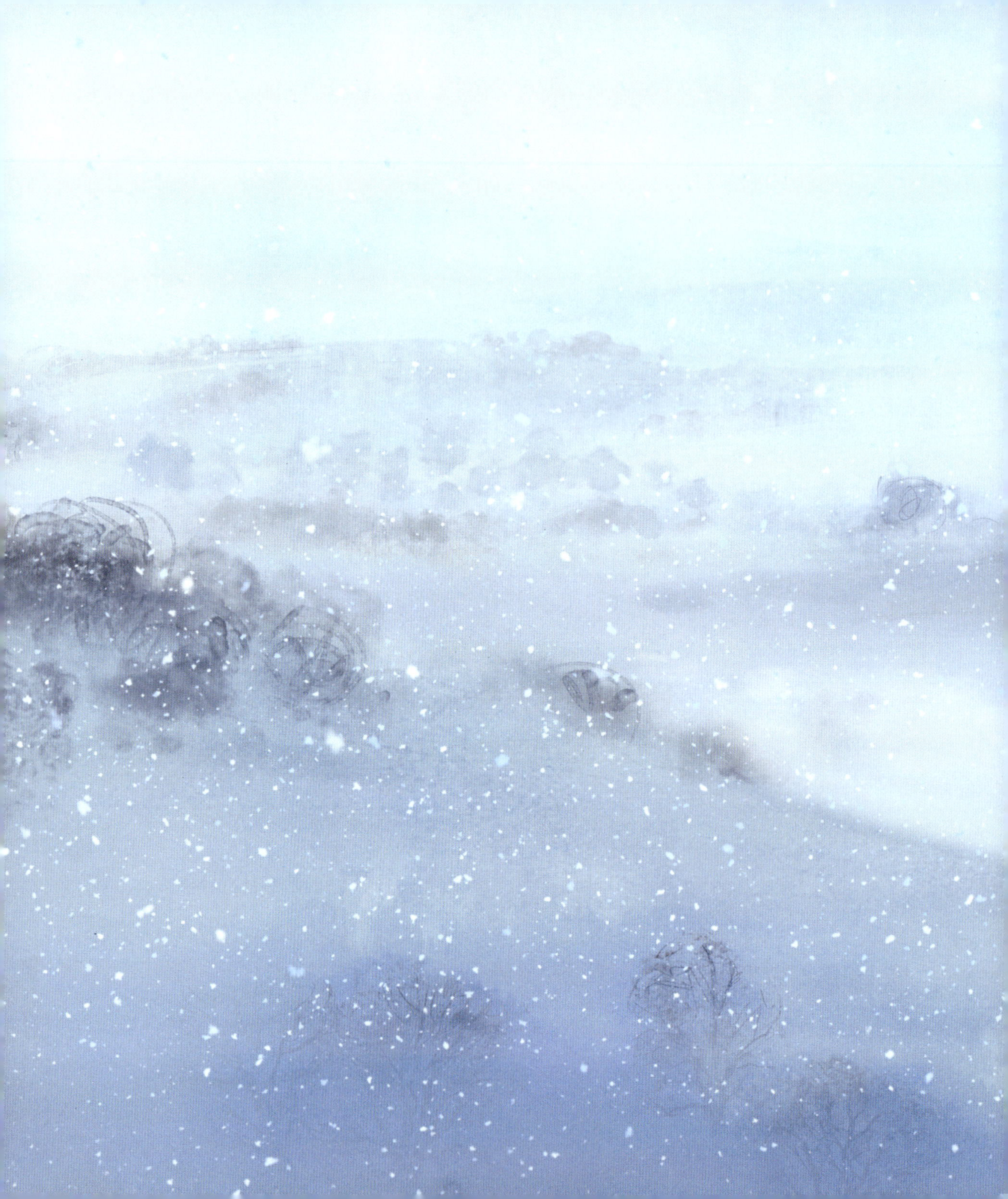

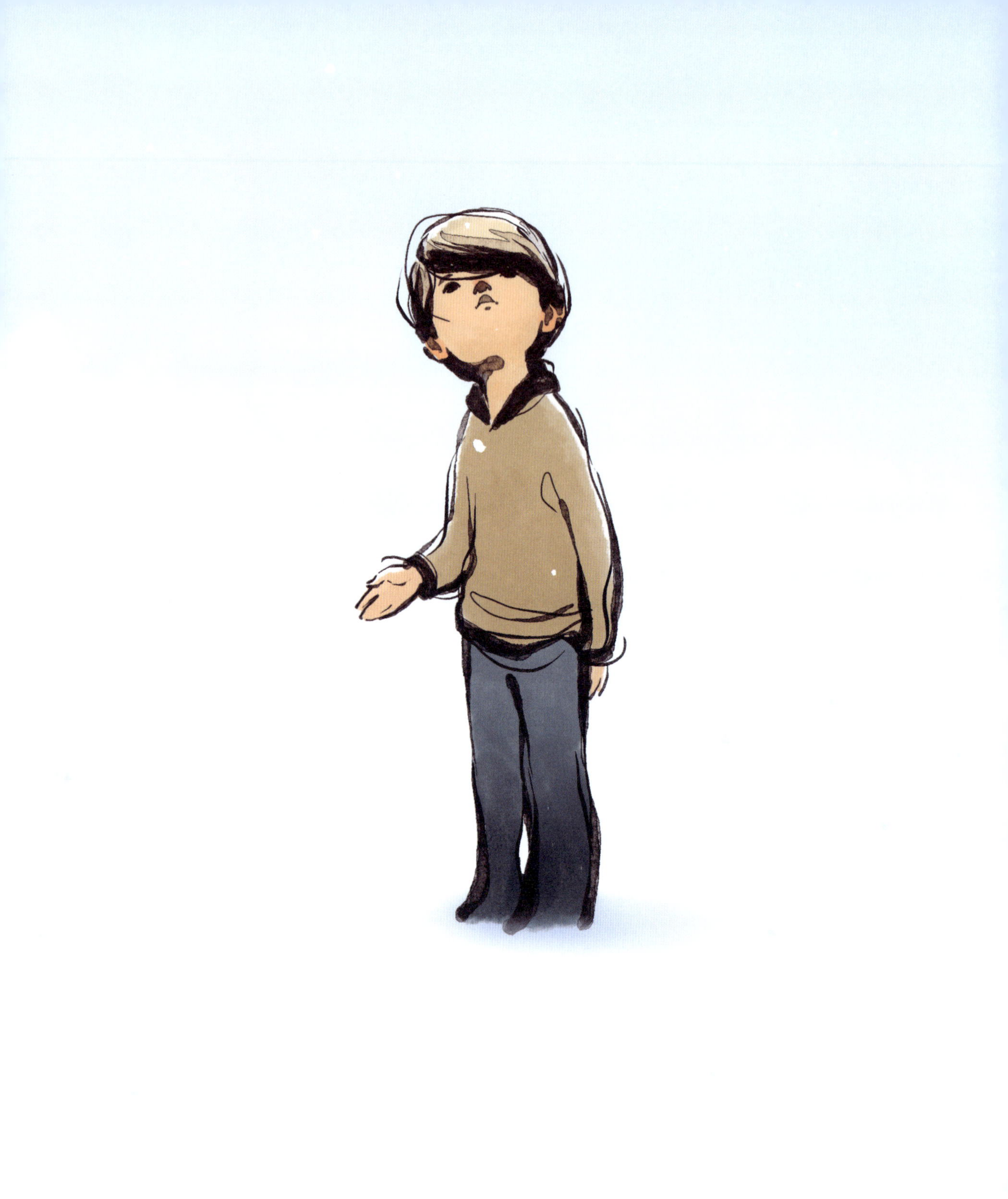

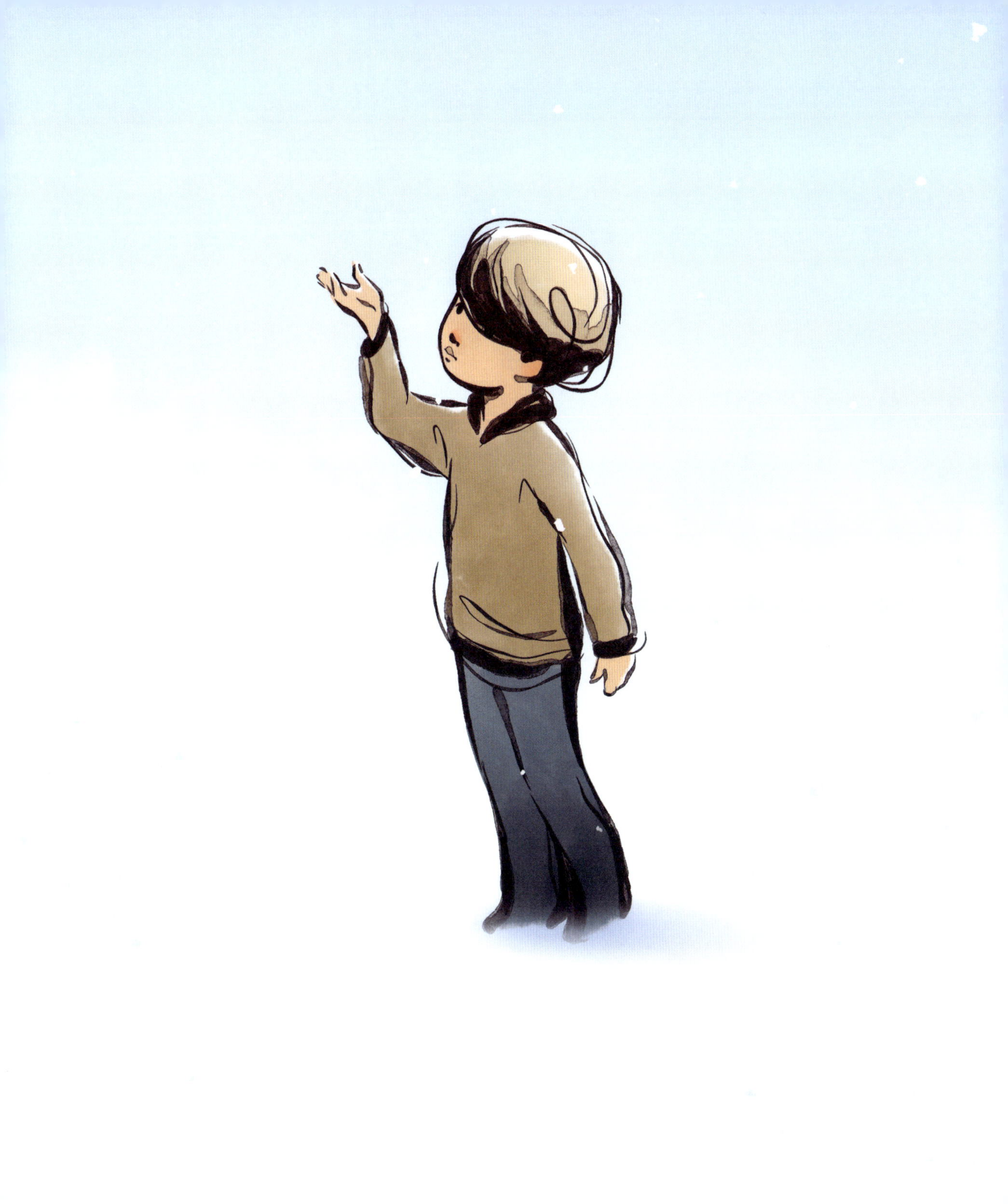

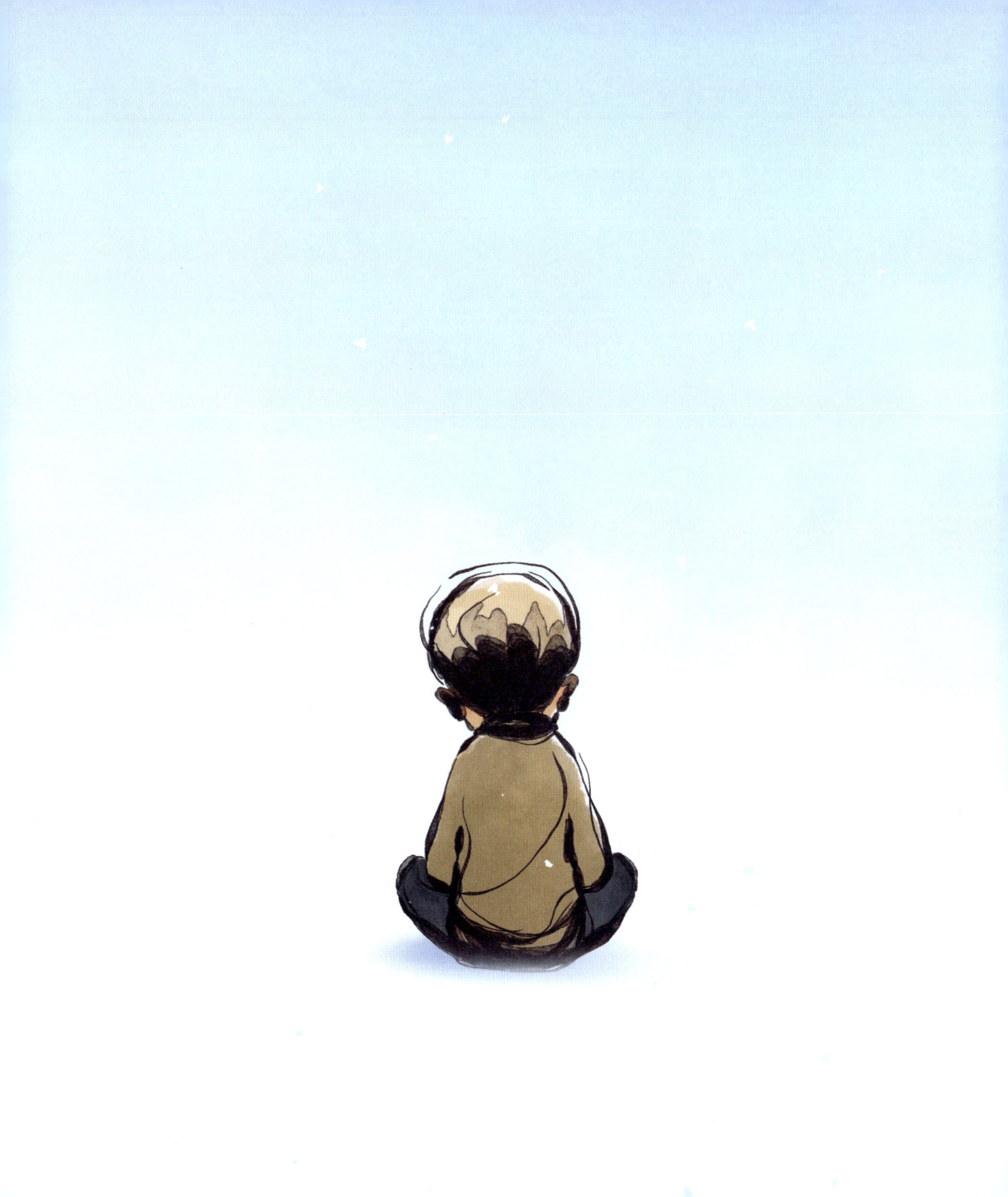

— Olá.

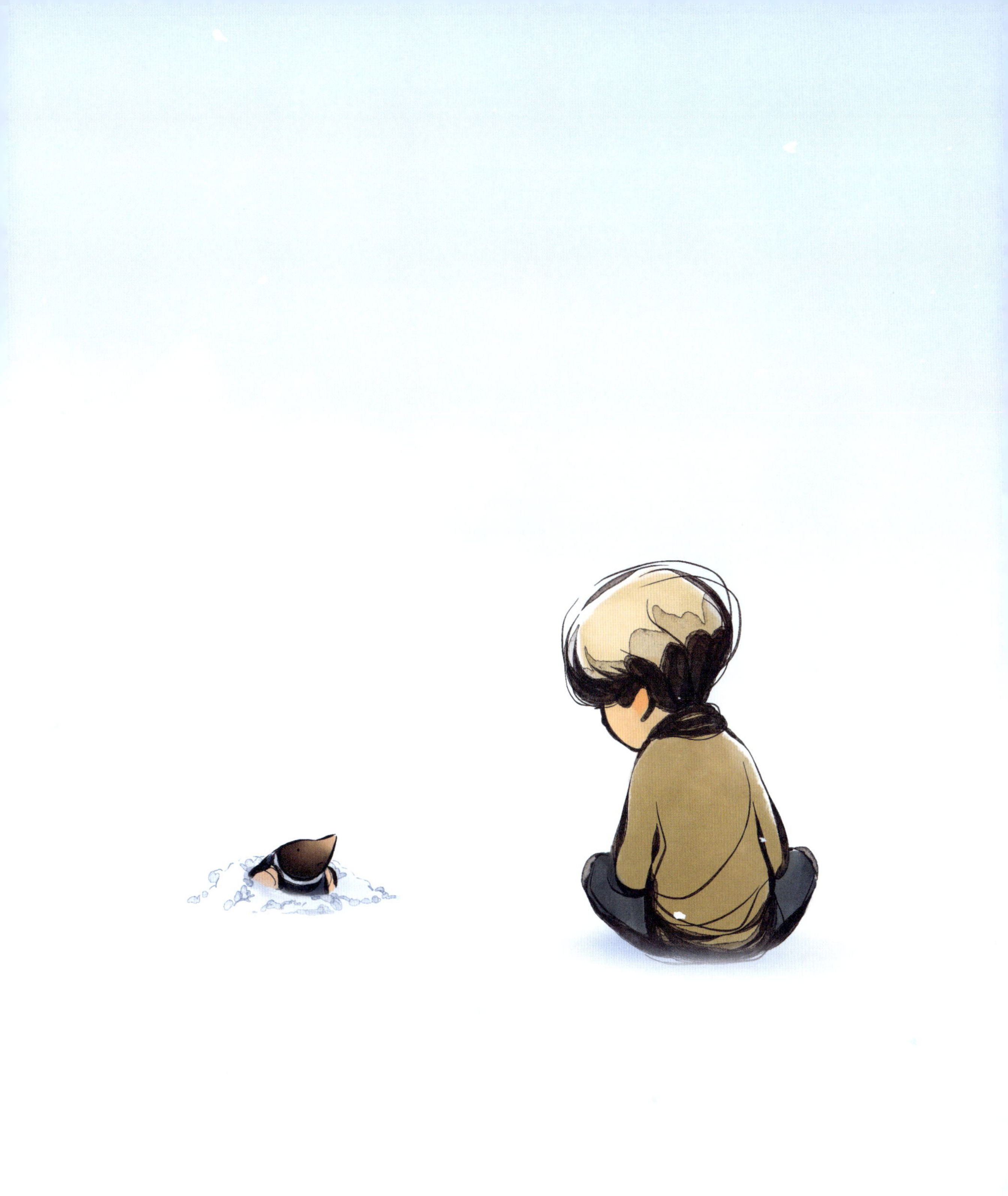

— Olá — disse o menino.

— O que está fazendo aqui? — perguntou a toupeira.

— Estou perdido — respondeu o menino.

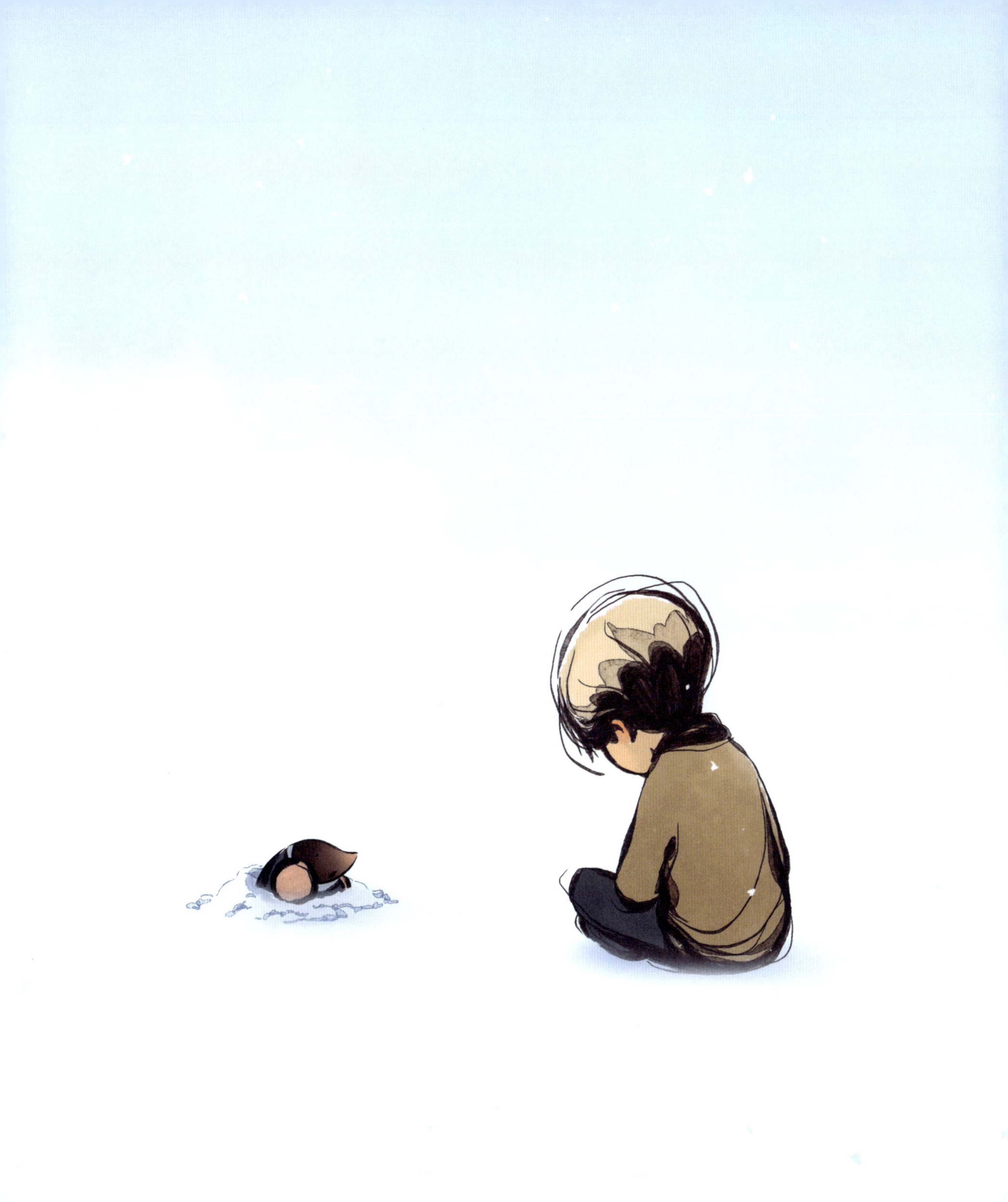

– Minha nossa. Isso não é nada bom.

— Então... como você chegou até aqui?
— quis saber a toupeira.

— Oh... Olá.

— Olá quem?

— Olá, bolo.

— Que bolo? — perguntou o menino.

– Aquele bolo!
Parece delicioso, espetacular!
Quer dizer... é magnífico!

– Não consigo ver o bolo –
disse o menino.

– Ele está... está...

— Ah...

é uma árvore.

— É uma linda árvore e se parece um pouco com um bolo.

— Então, bem, não tem bolo e você está perdido.

— É.

— Uma toupeira velha me disse uma vez que, quando você está perdido, deve seguir o rio e ele vai levá-lo de volta para casa.

— Mas não consigo ver um rio.

— Talvez você consiga ver se subir naquele galho.

– E se por acaso encontrar um bolo quando estiver lá em cima...

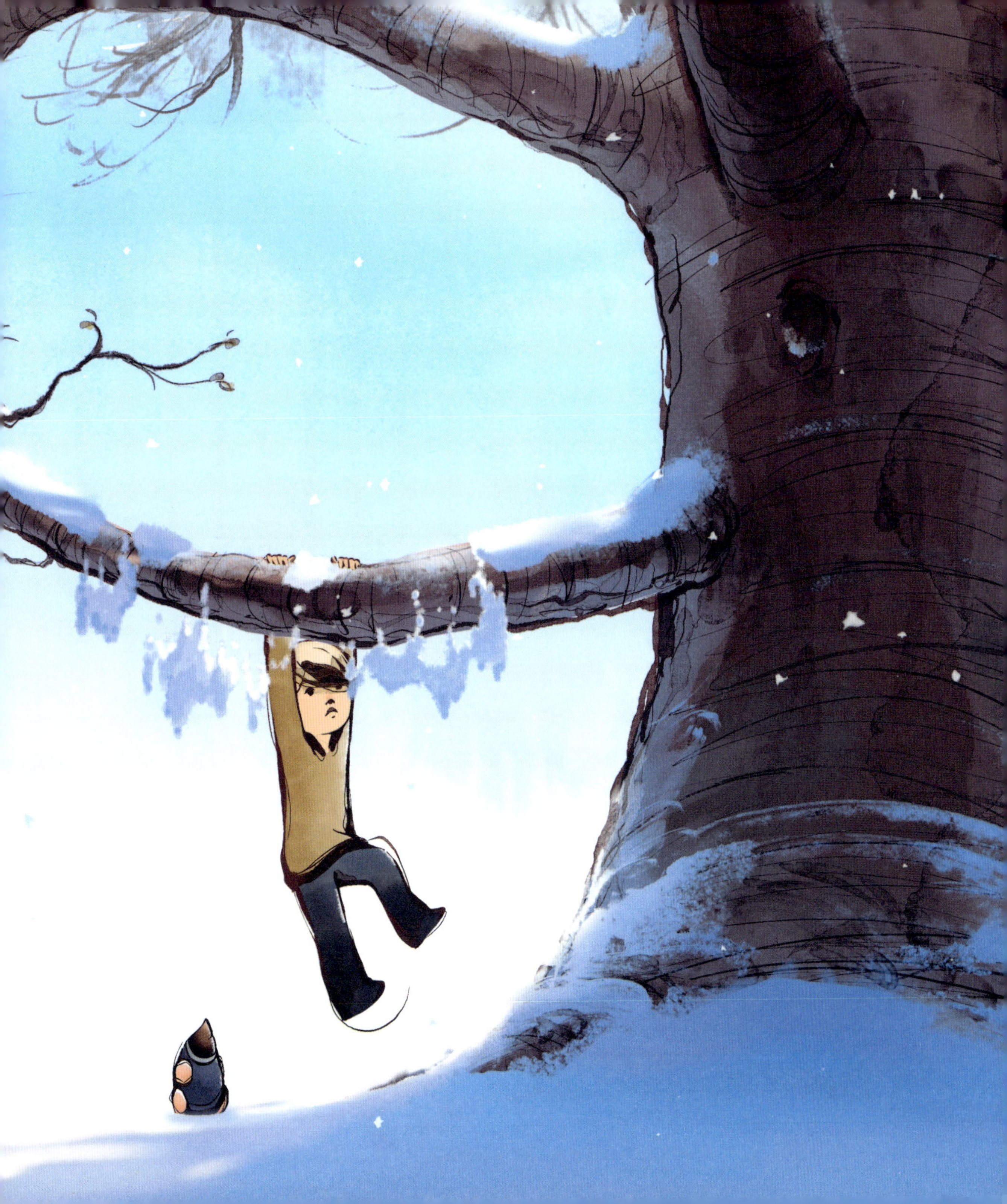

— Sinto muito — lamentou o menino.

— Atchim! Não, não tem do que se desculpar — respondeu a toupeira.

– Você está bem? – indagou o menino.

– A culpa foi toda minha – disse a toupeira.

– Sinto muito.

– Tudo bem. Na verdade, eu estava mesmo sentindo um pouco de calor.

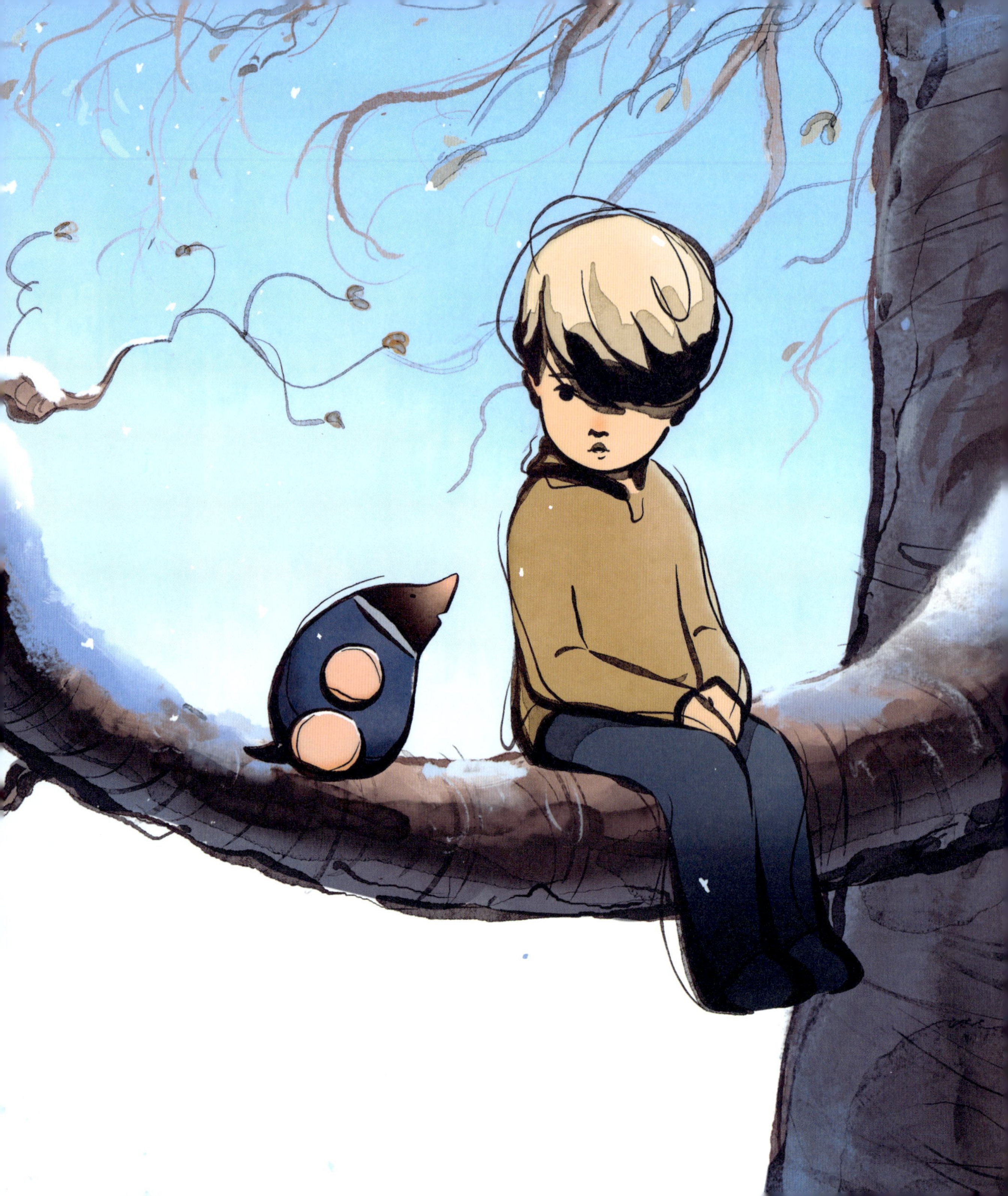

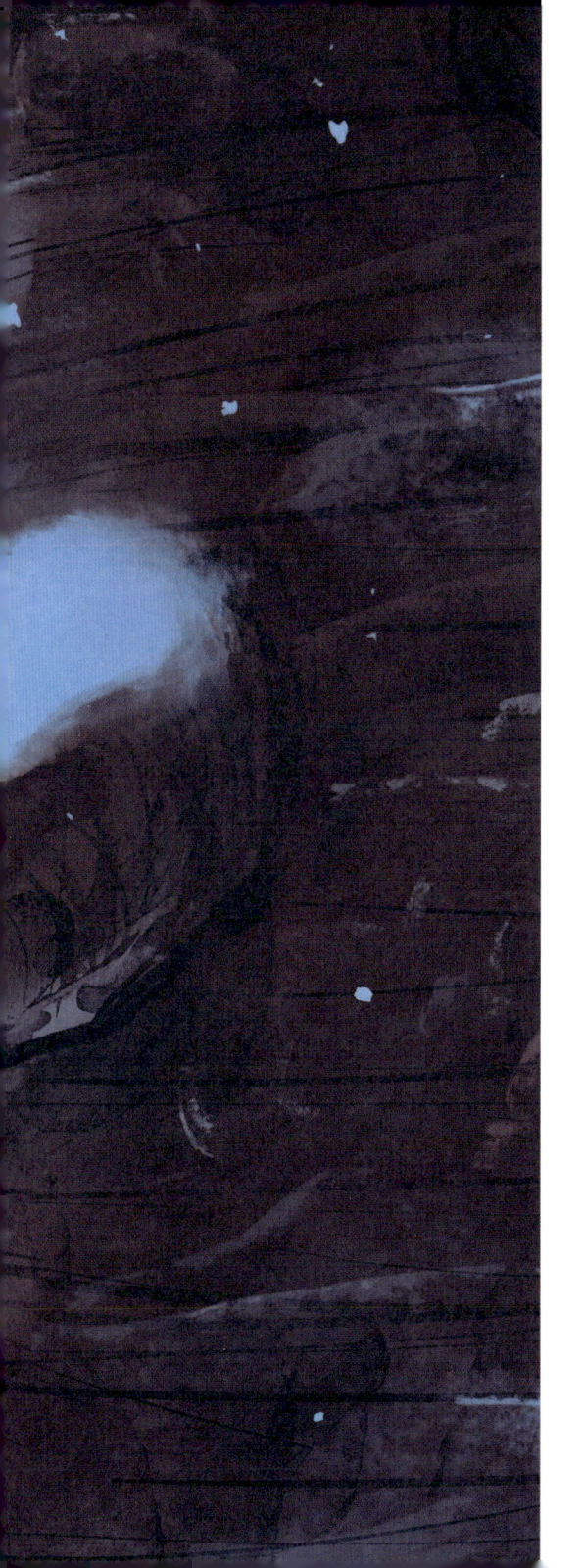

— O que você consegue ver? — perguntou a toupeira.

— Não vejo nada.

— Ah.

— O que quer ser quando crescer? — perguntou a toupeira.

— Quero ser bom — disse o menino.

— Humm — fez a toupeira.

– Nada supera a gentileza.
Ela permanece tranquilamente por
trás de todas as coisas.

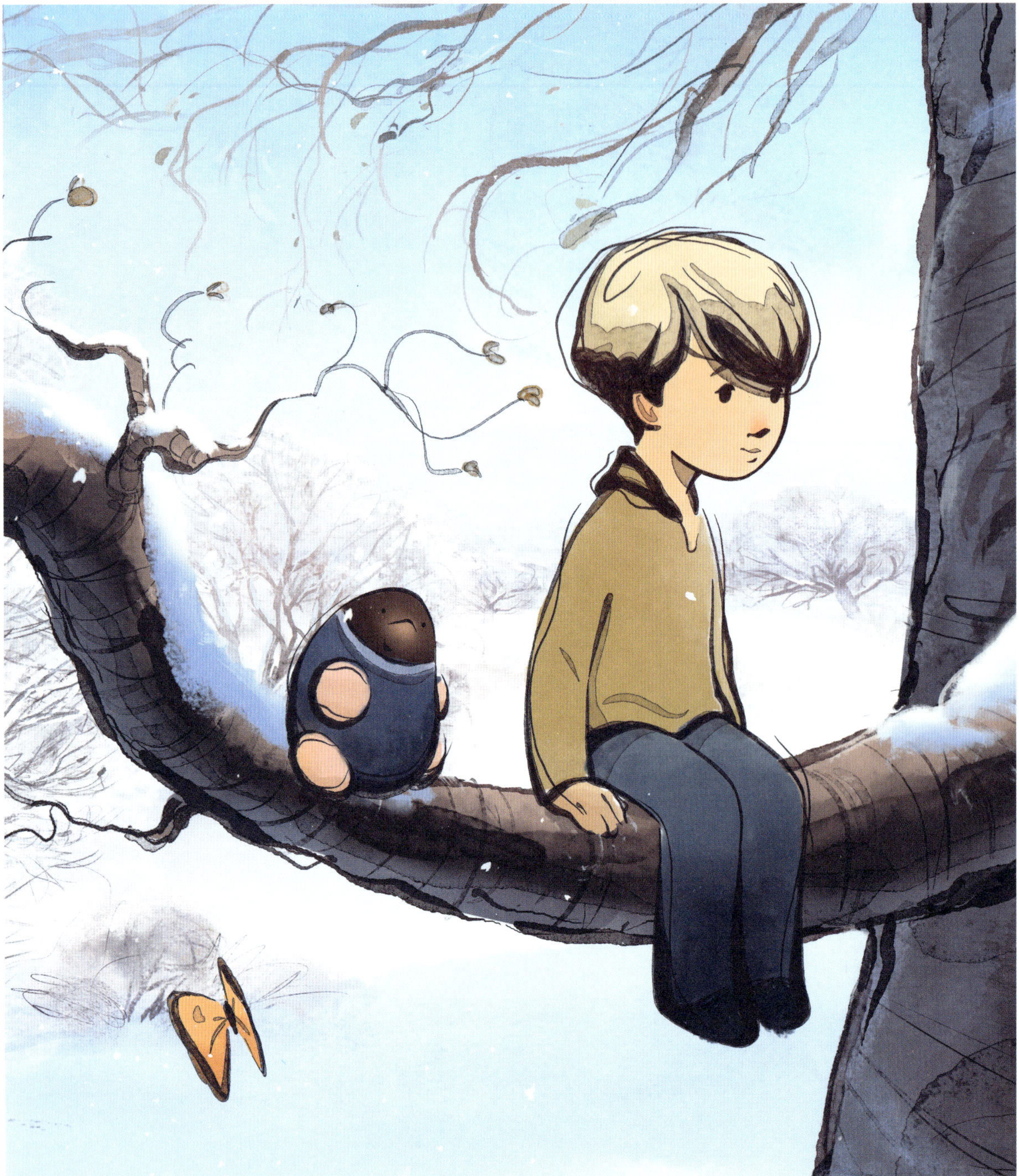

– Há tanta beleza de que precisamos cuidar – disse a toupeira.

– Sim, muita.

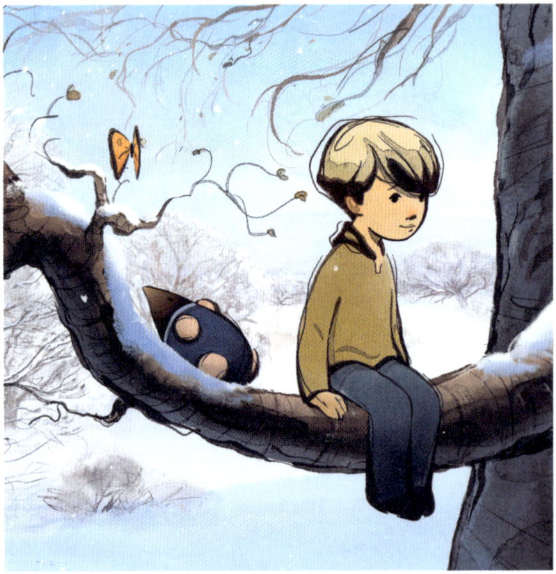

— Opa!

— Você está bem?

— Desculpe, estou ótima... só achei que a gente deveria começar a procurar aquele rio.

– Nossa, essa colina não é bolinho.

– Assim está melhor? – perguntou o menino.

– Sim, mas não quero dar trabalho.

– Está tudo bem.

– Ah, obrigada.

– O que tem lá longe?
– O desconhecido – revelou a toupeira.
– Não tenha medo.

– Olha lá, dá para ver o rio!
– exclamou o menino.

– Espere aí... o quê?...
Eu disse para não ter medo do desconhecido e não para sair correndo na direção dele! Francamente. Caramba.

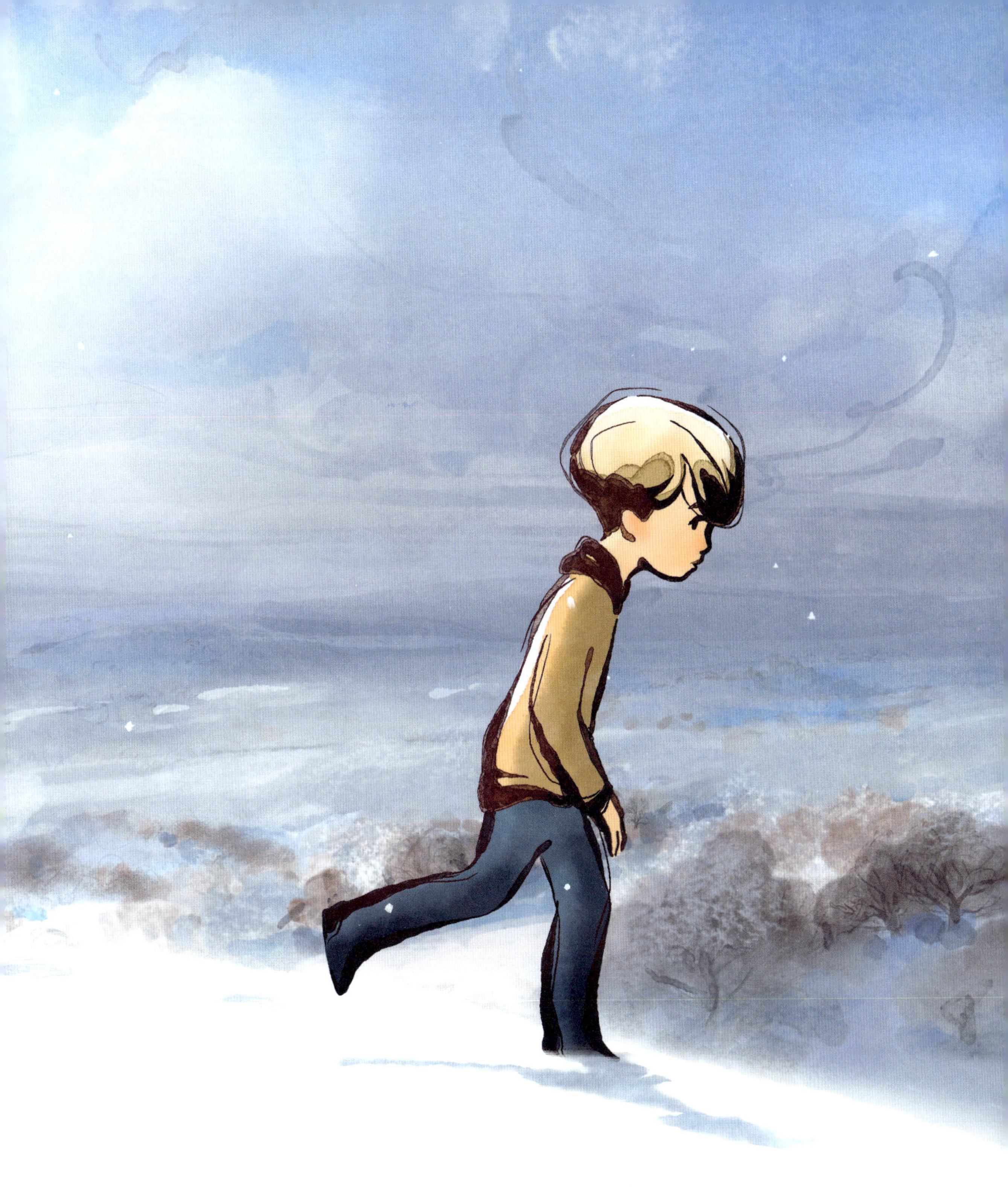

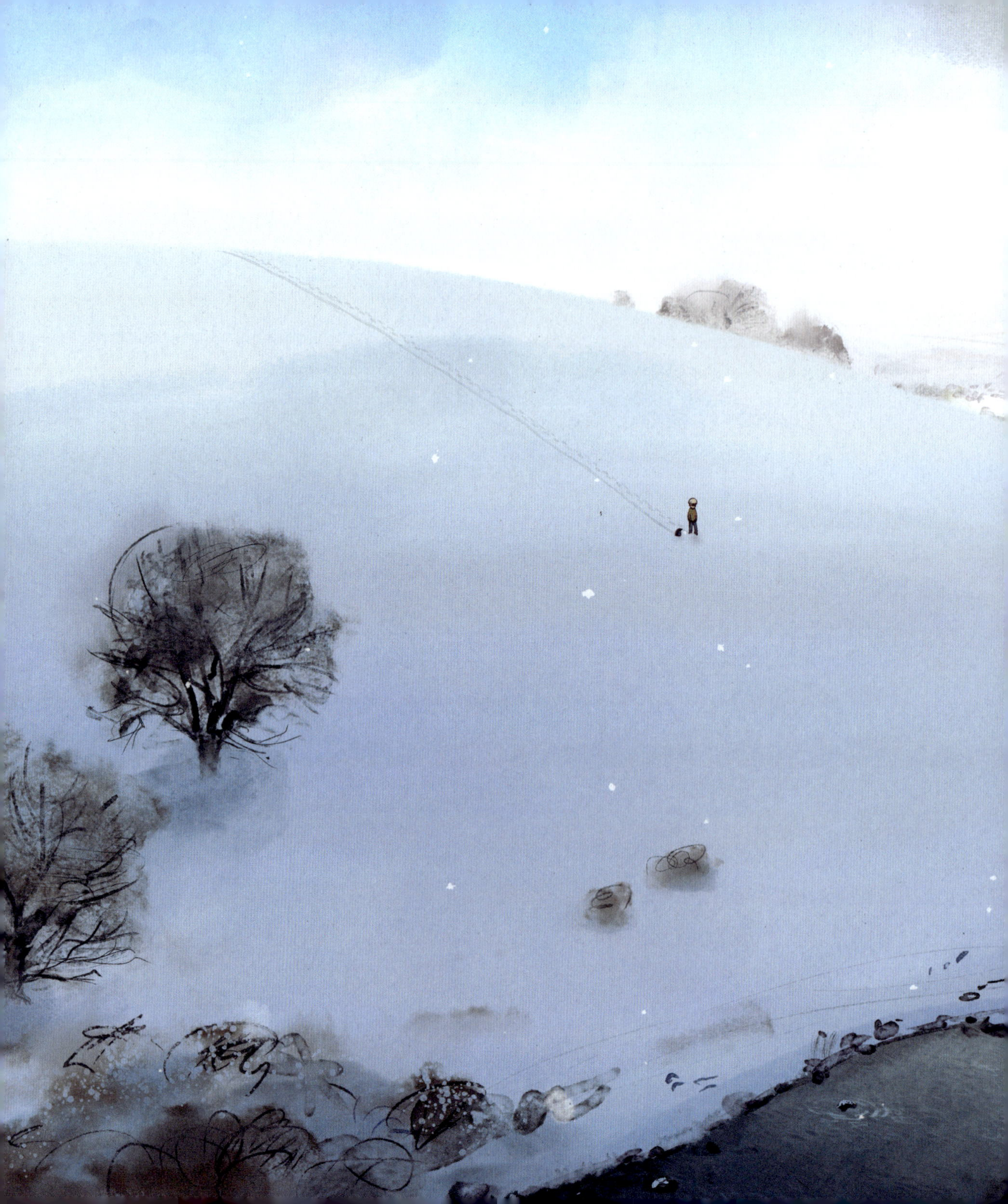

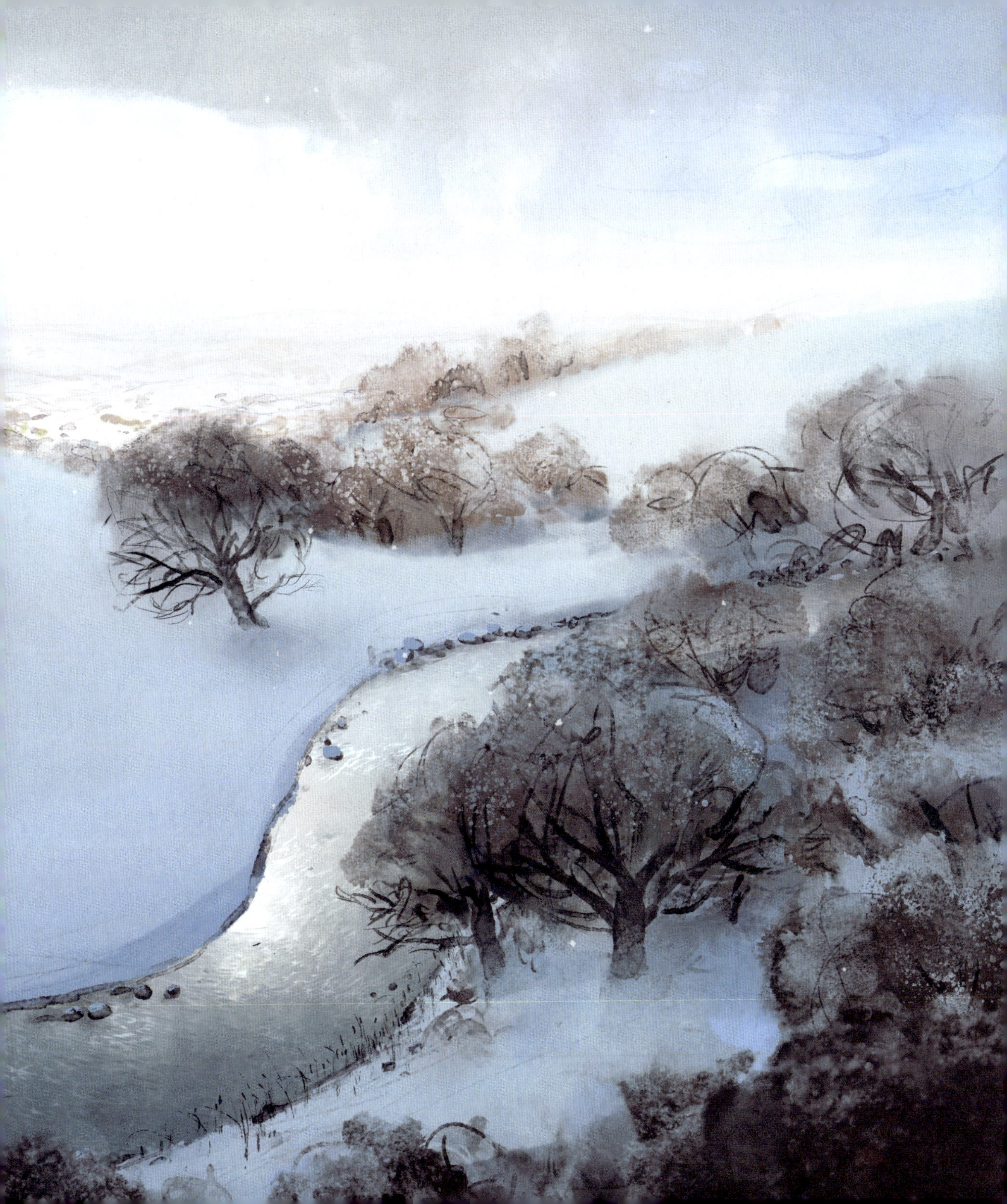

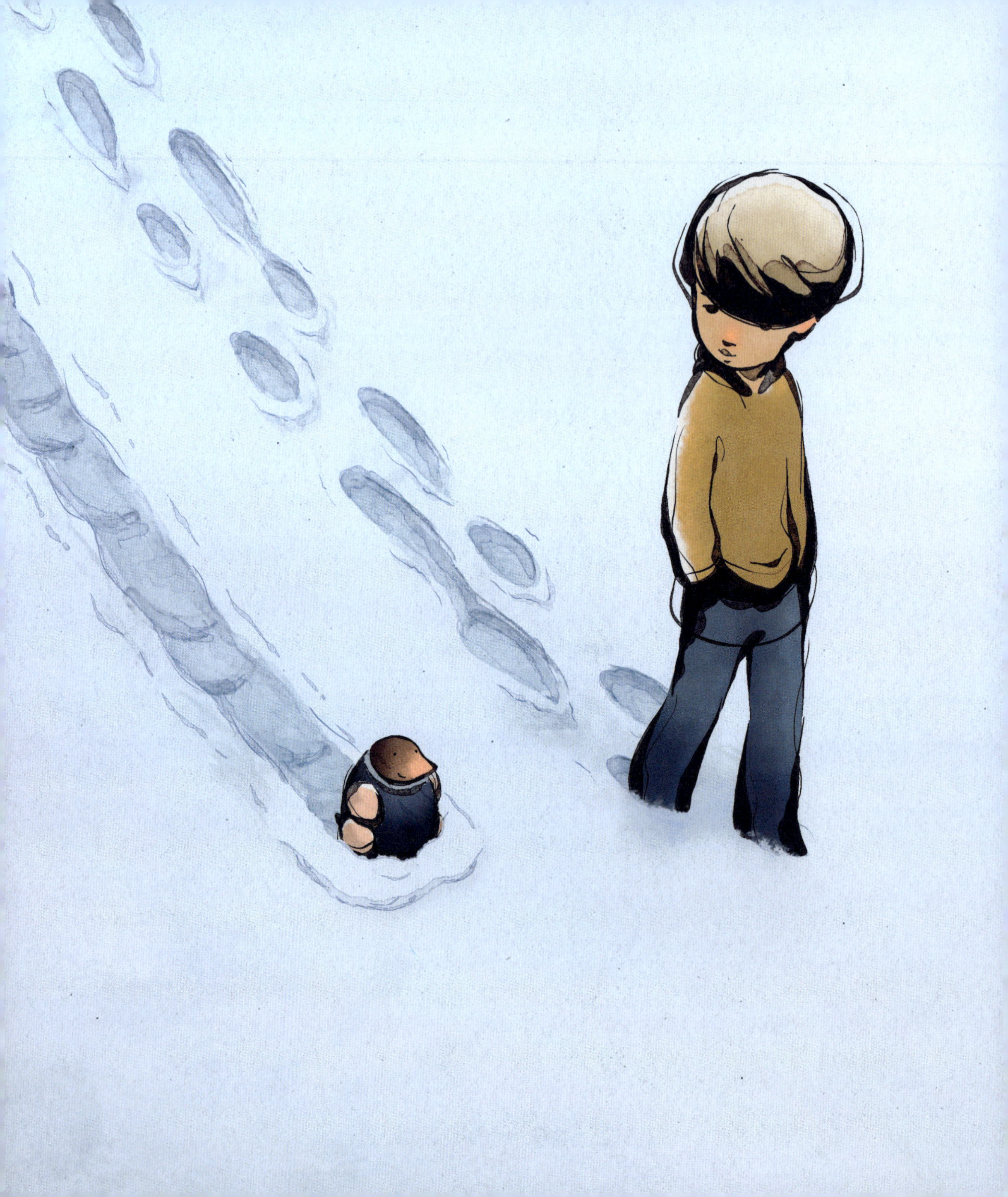

— Você tem um ditado favorito? — quis saber o menino.

— Tenho, sim — respondeu a toupeira.

— Qual é?

— Se não conseguir de primeira, coma um pedaço de bolo.

— Entendi. E funciona?

— Sempre.

– A toupeira velha disse qual era a direção em que a gente deveria seguir? – questionou o menino.

– Não perguntei.

– Ah.

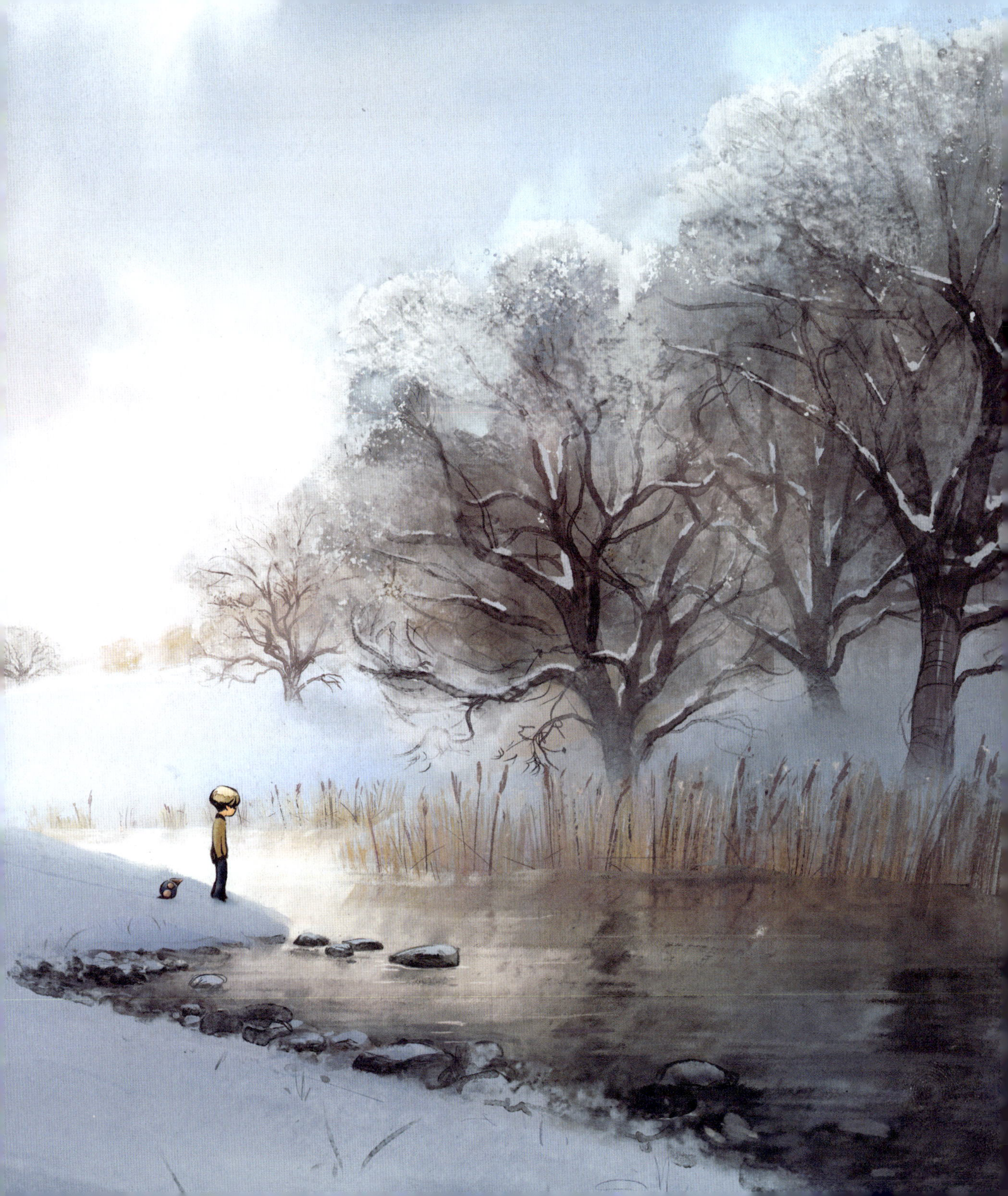

— Não é esquisito? Só podemos nos ver por fora, mas quase tudo acontece do lado de dentro.

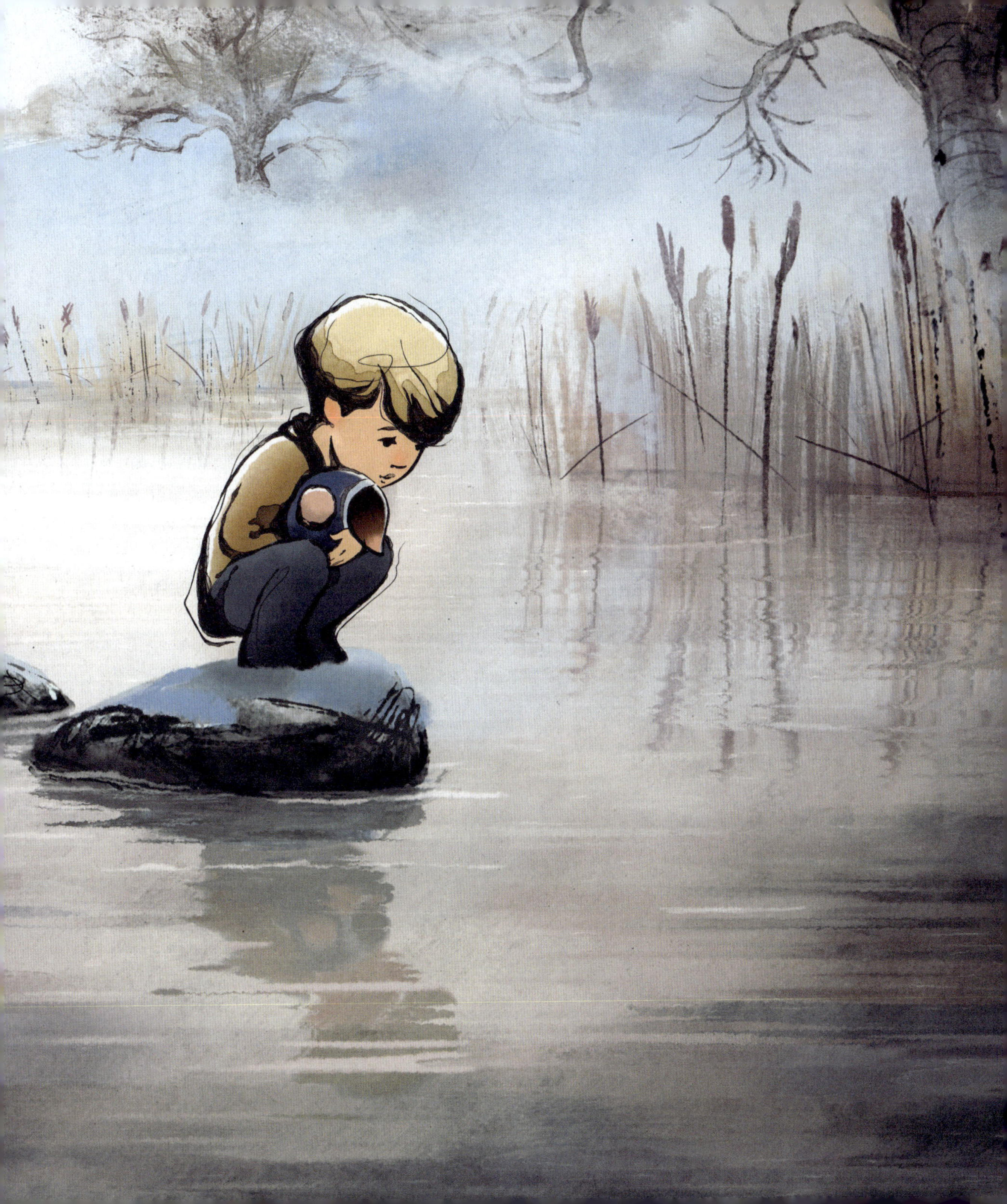

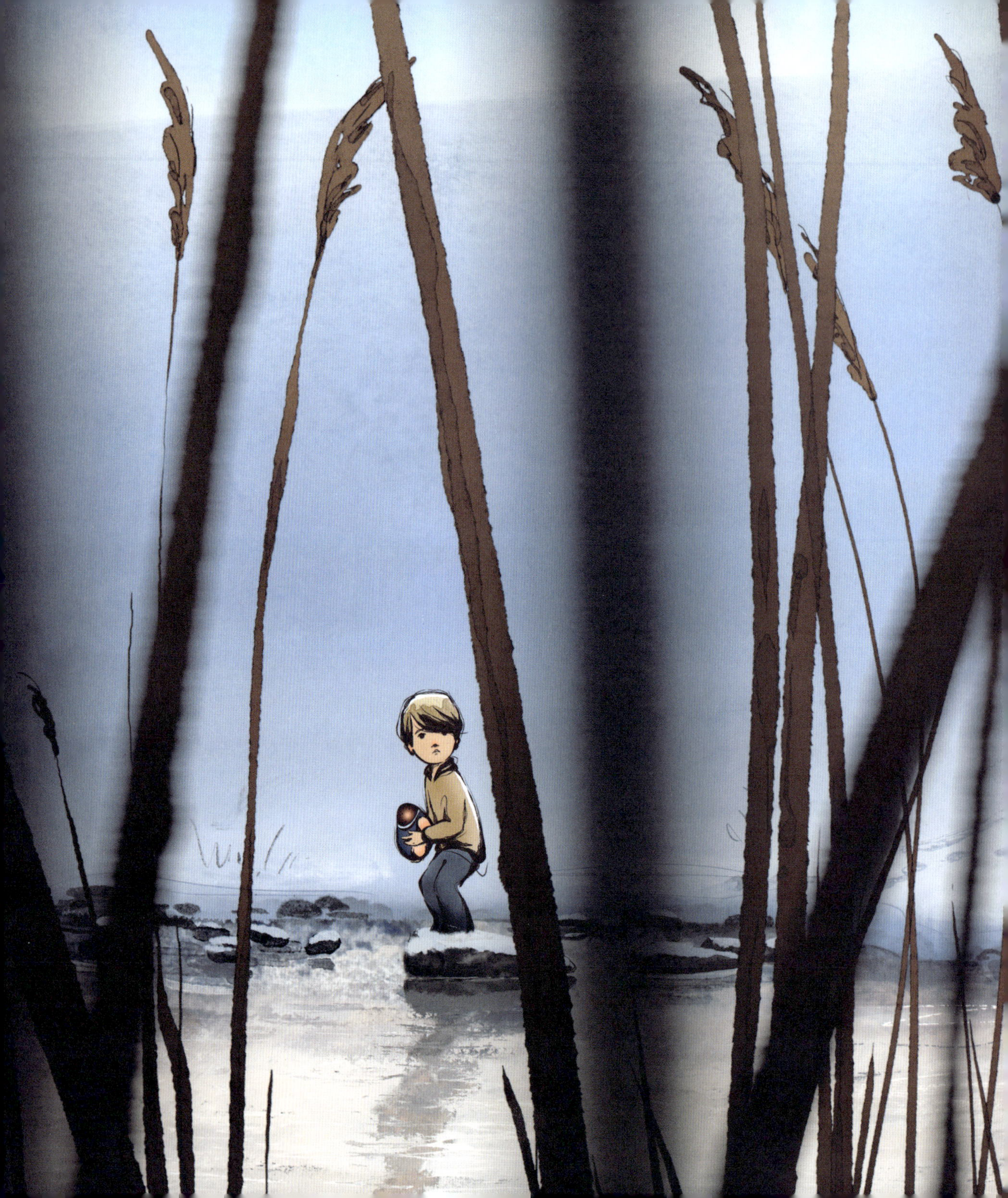

— Tem alguma coisa ali? — perguntou o menino. — Está ficando escuro.

— Que tal a gente...?

— Boa ideia.

— Podemos continuar amanhã — sugeriu a toupeira.

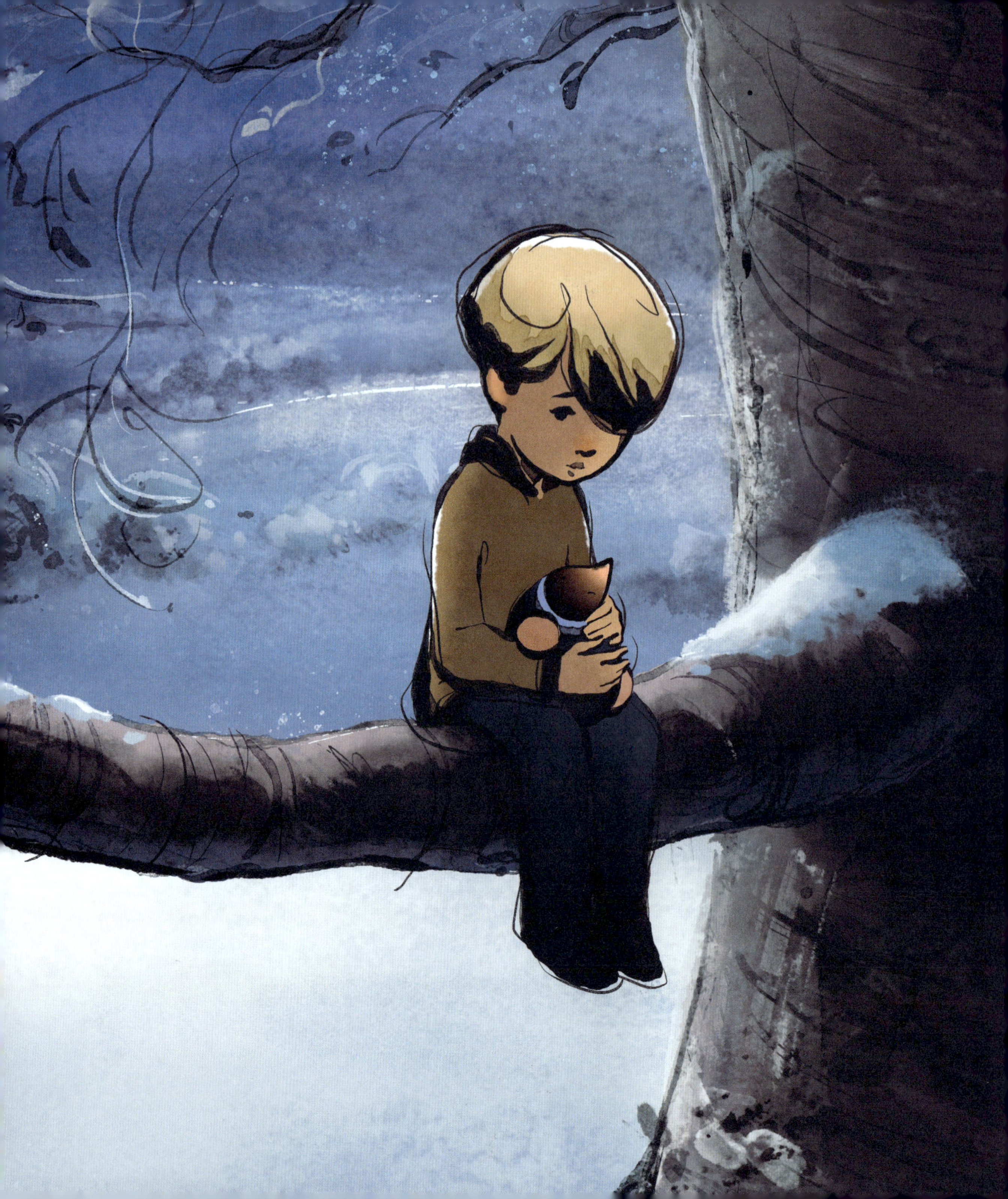

— Imagine como seríamos se tivéssemos menos medo — disse o menino.

— A maioria das toupeiras velhas que conheço queria ter ouvido mais seus sonhos do que seus medos — respondeu a toupeira. — Com o que você sonha?

— Com uma casa — disse o menino.

— Ah, e como ela é?

— Não sei. Não tenho certeza.

— Humm.

— Mas sei que preciso encontrá-la.

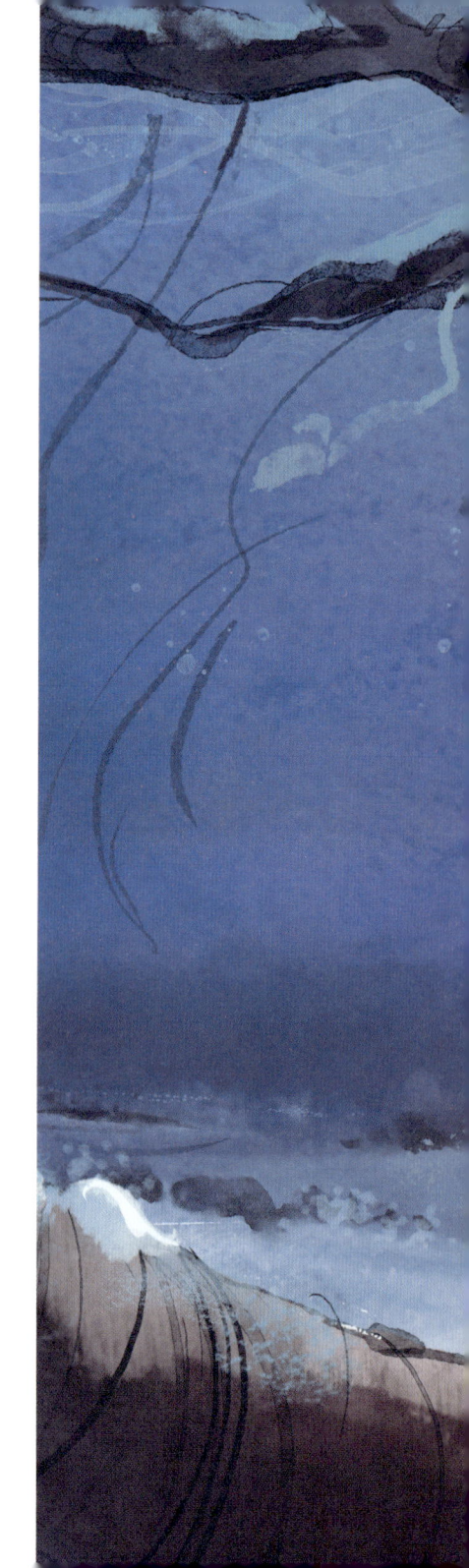

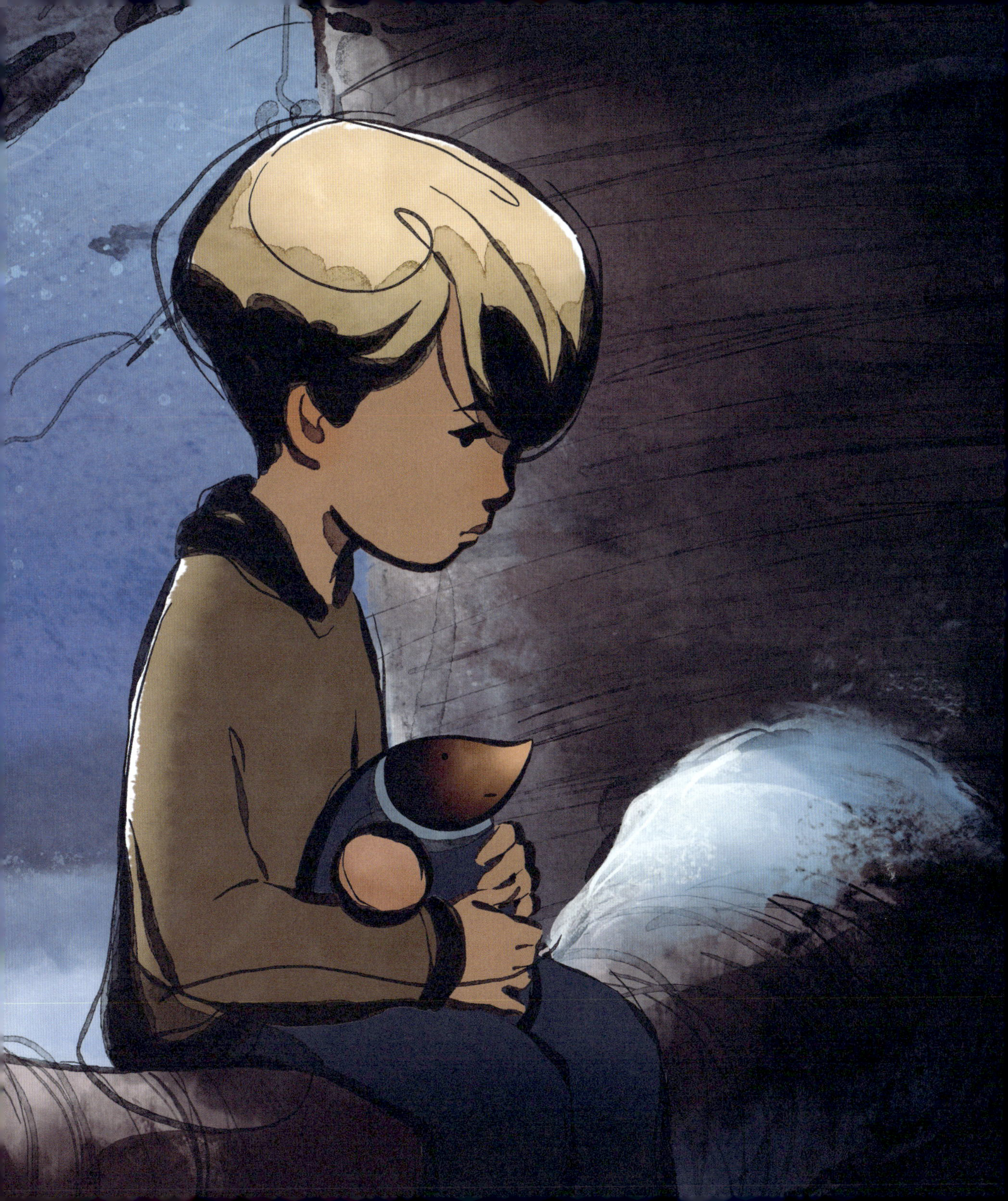

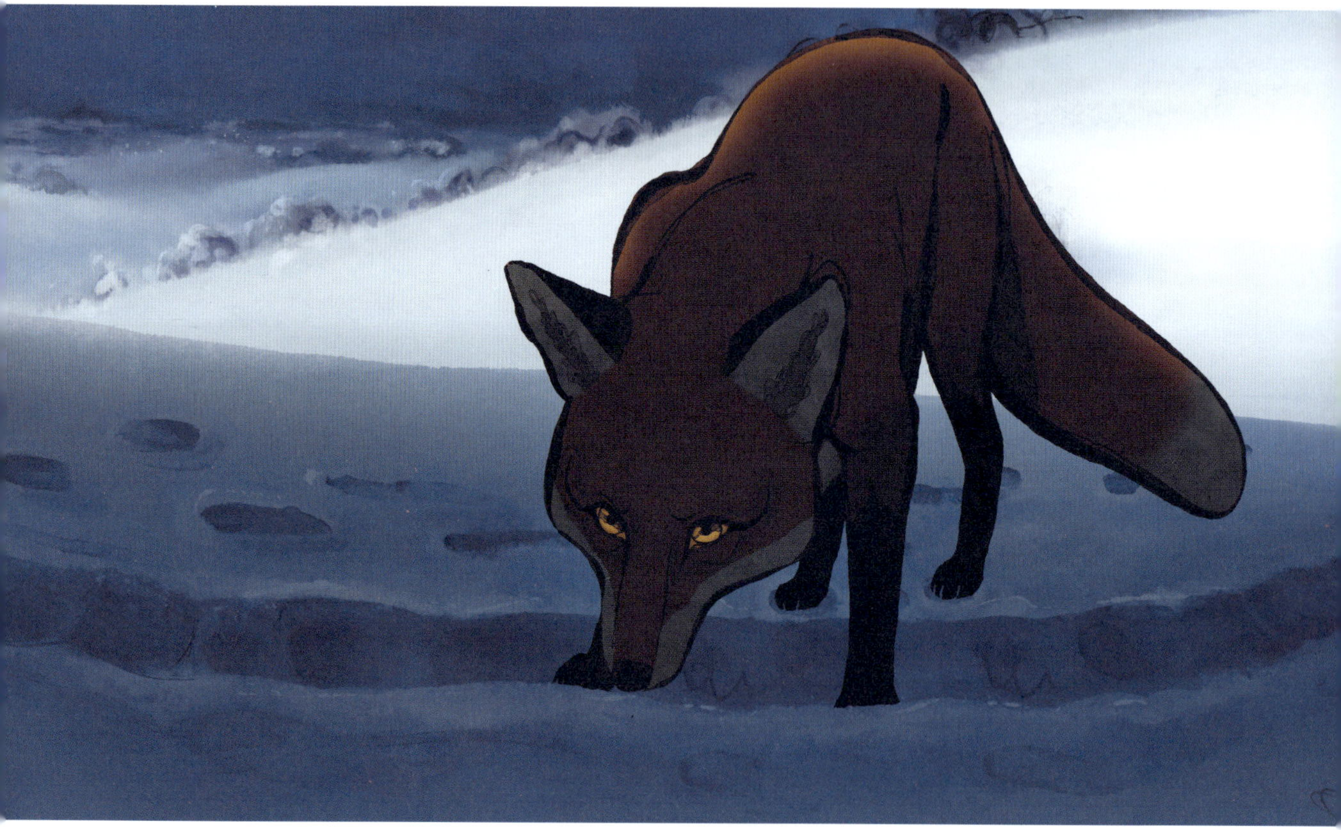

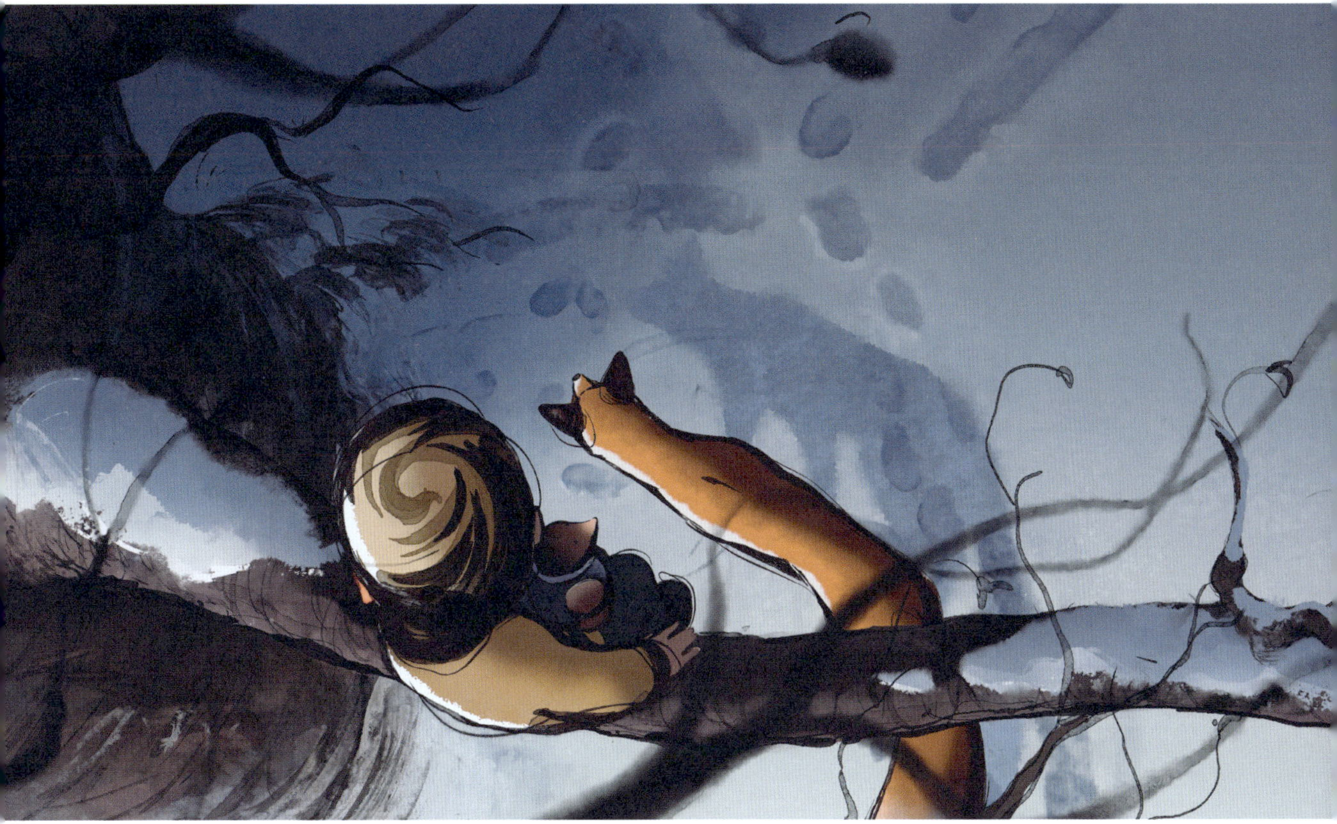

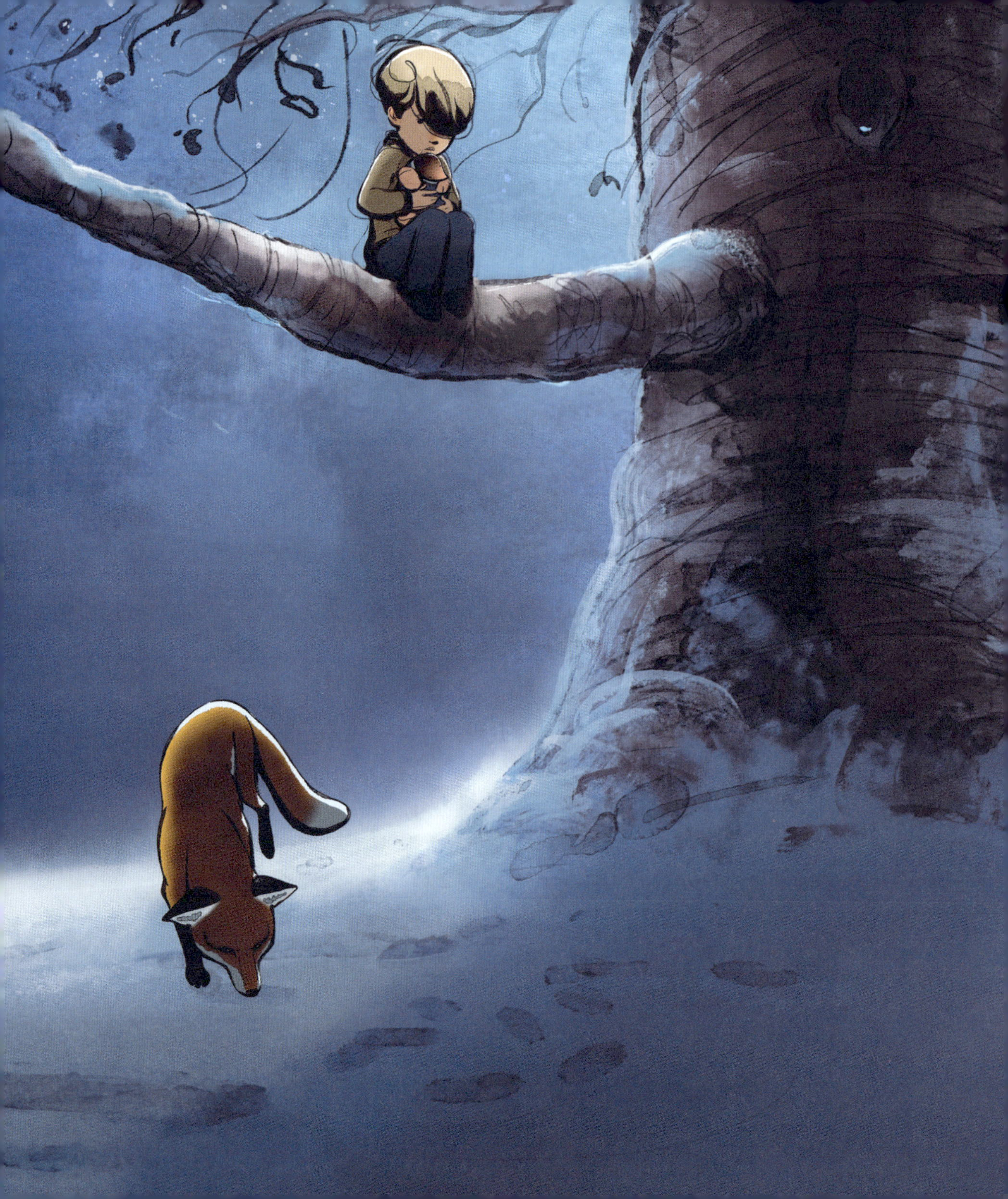

— Minha nossa.

– Ela parece faminta
– disse a toupeira.

– Parece.

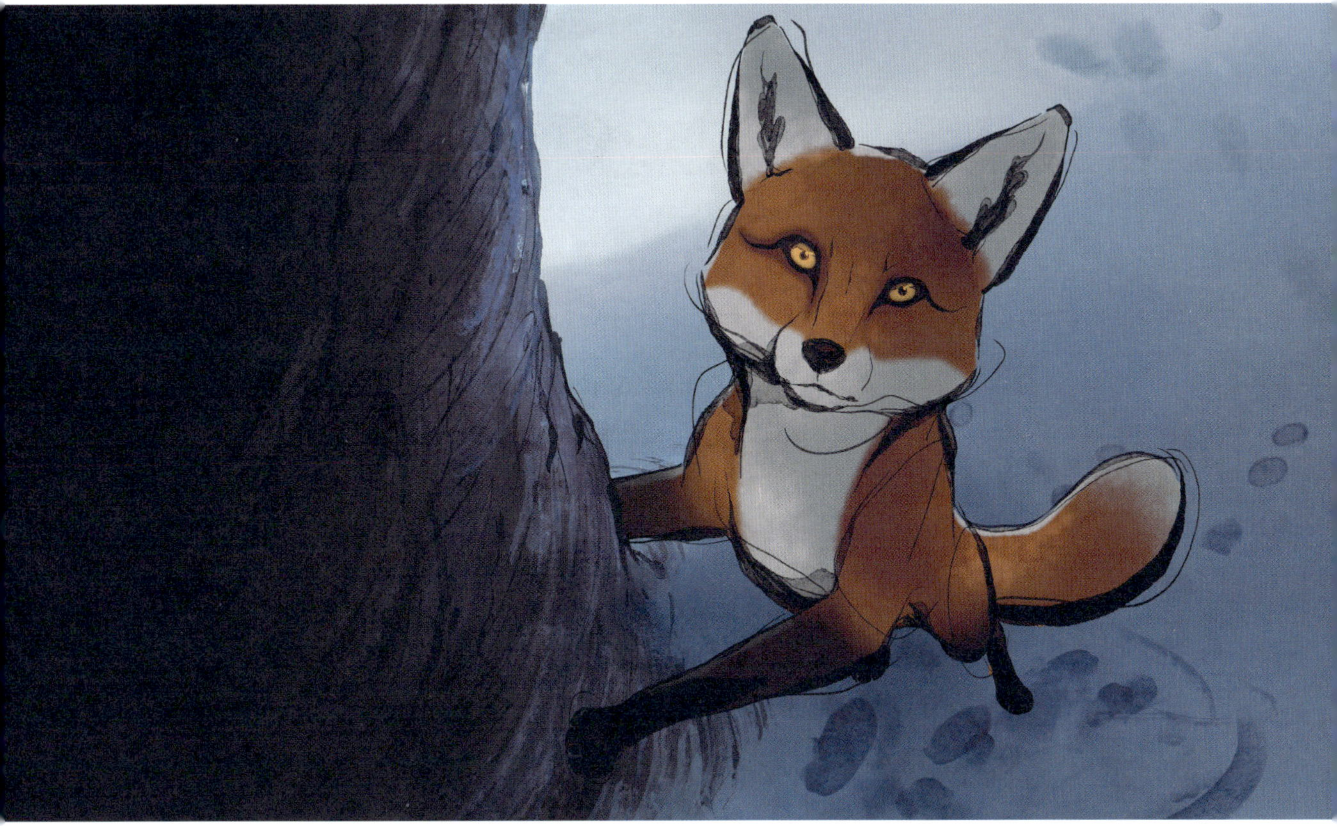

— Está tudo bem.
A raposa já foi —
garantiu o menino.

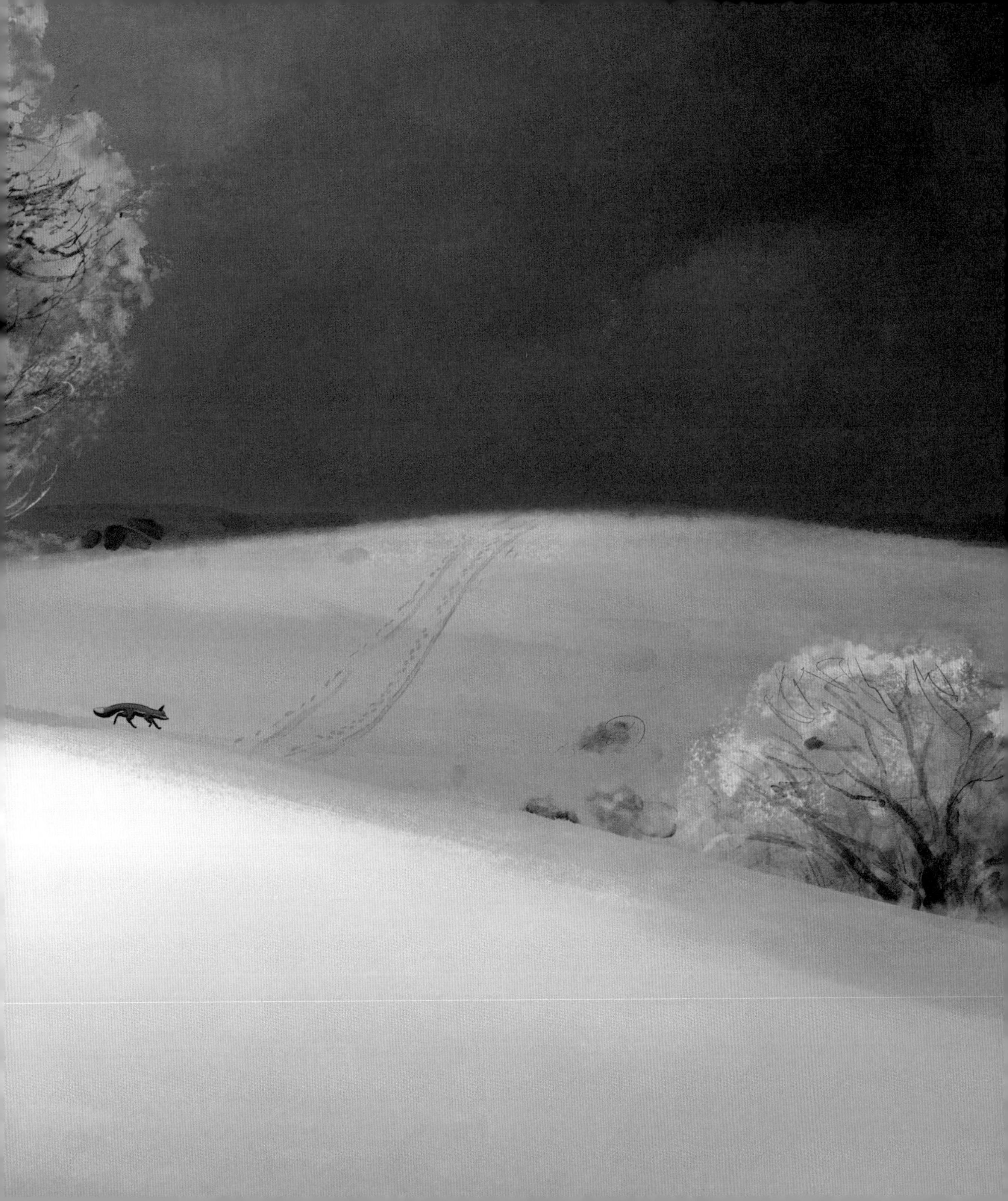

— Que barulho foi esse? — perguntou o menino.
— Não sei bem.

— Acha que alguém se machucou?
— Talvez.
— Será que a gente deve ir até lá para ver?

– Boa ideia. Vou ficar aqui para mantê-lo aquecido.

– Tudo bem – disse o menino. – Obrigado.

– É a raposa – falou o menino. – Caiu numa armadilha.

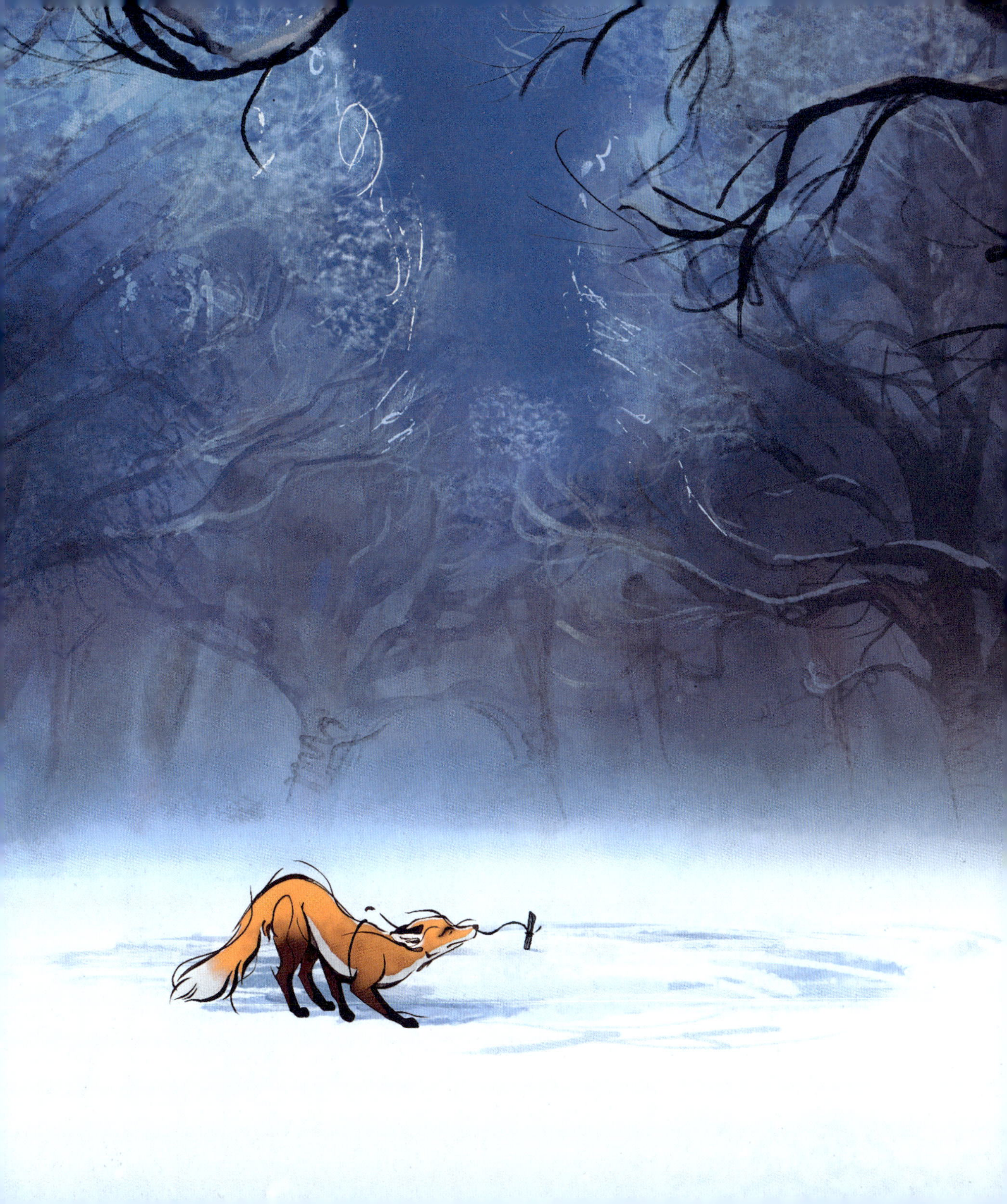

– Minha nossa – sussurrou a toupeira.

– Por favor, tenha cuidado – disse o menino.

– Não estou com medo, não estou com medo, não estou com medo – repetiu a toupeira.

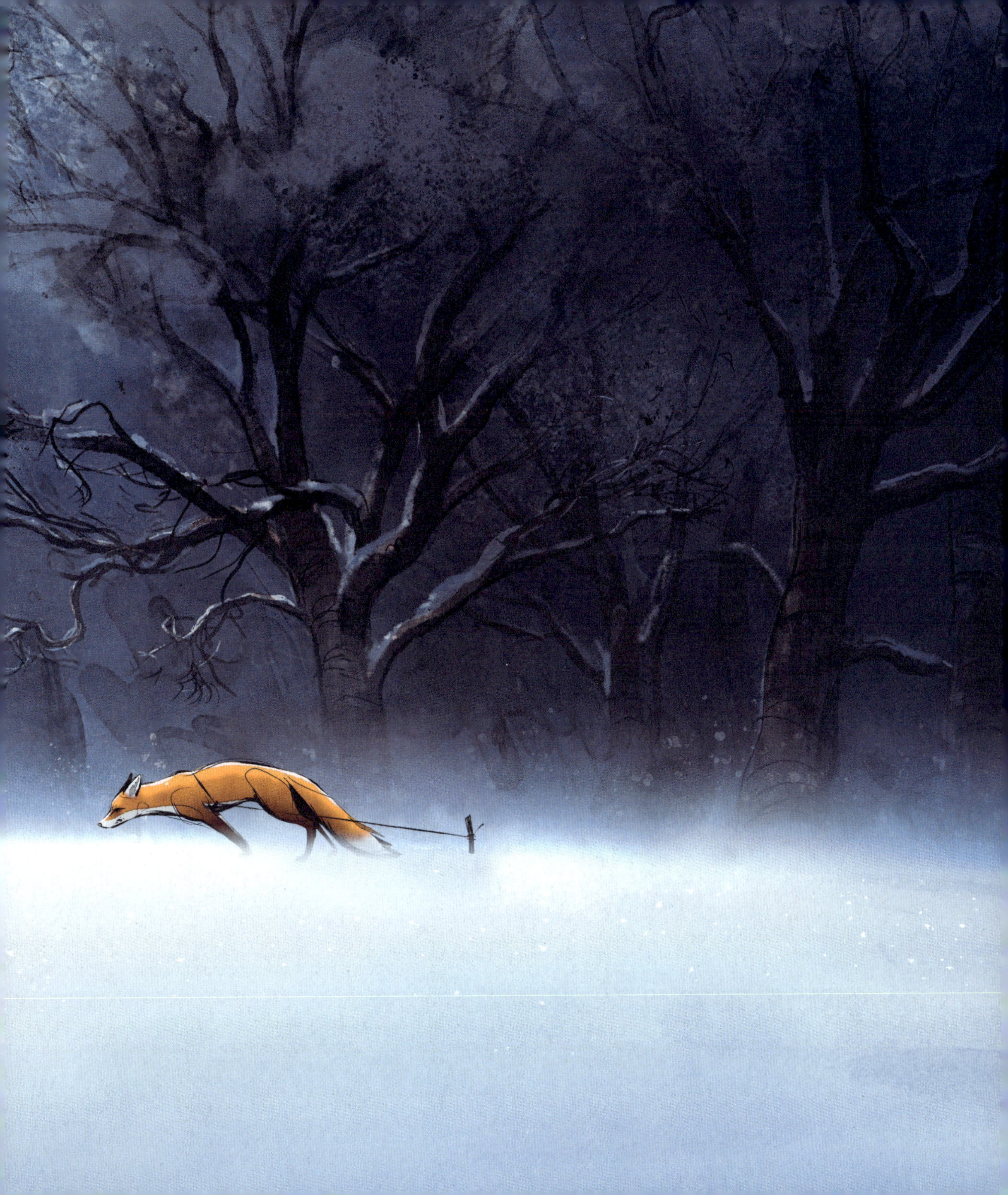

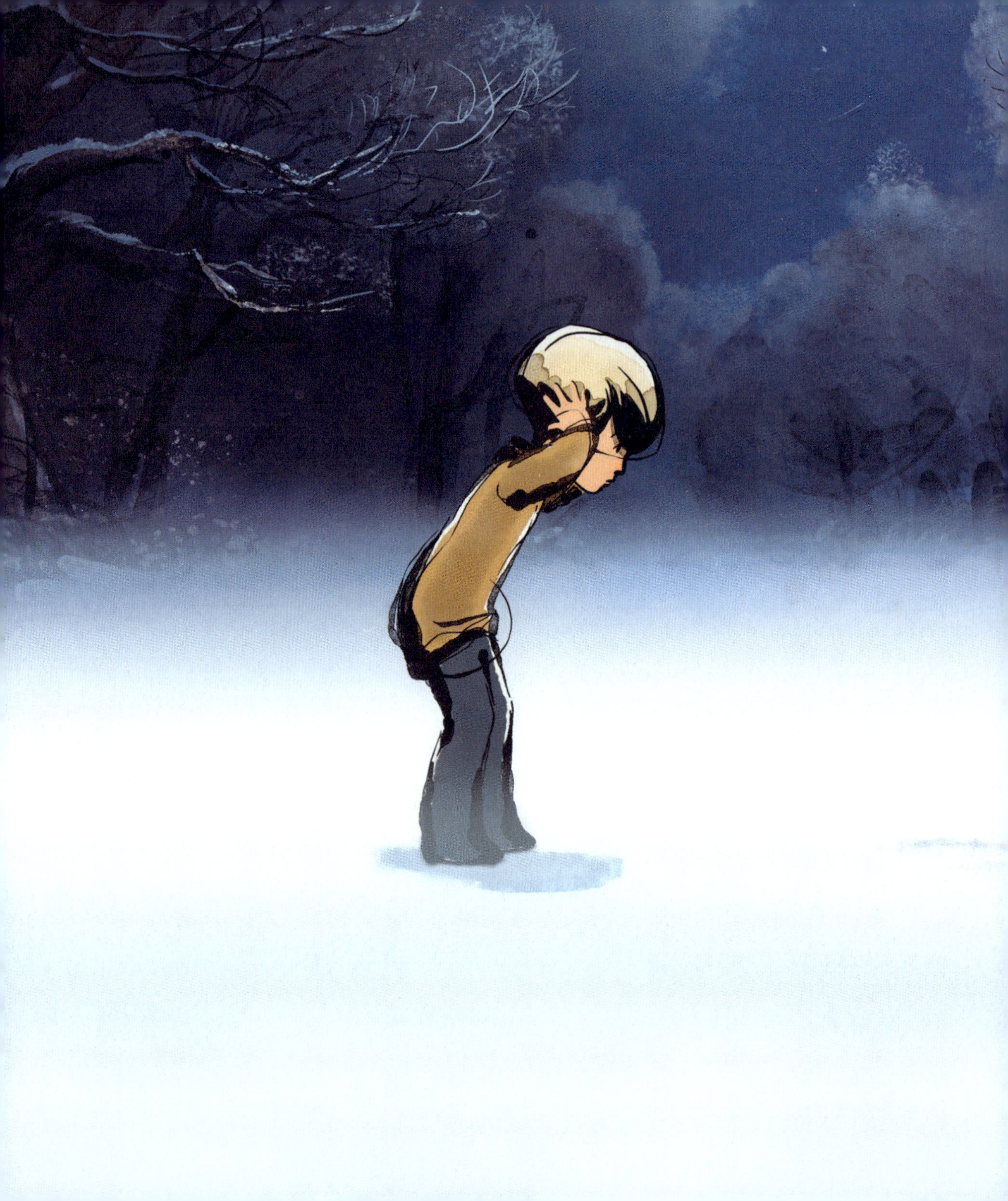

– Se eu não estivesse presa nesta armadilha, eu mataria você – rosnou a raposa.

– Se continuar presa aí, você morrerá – afirmou a toupeira.

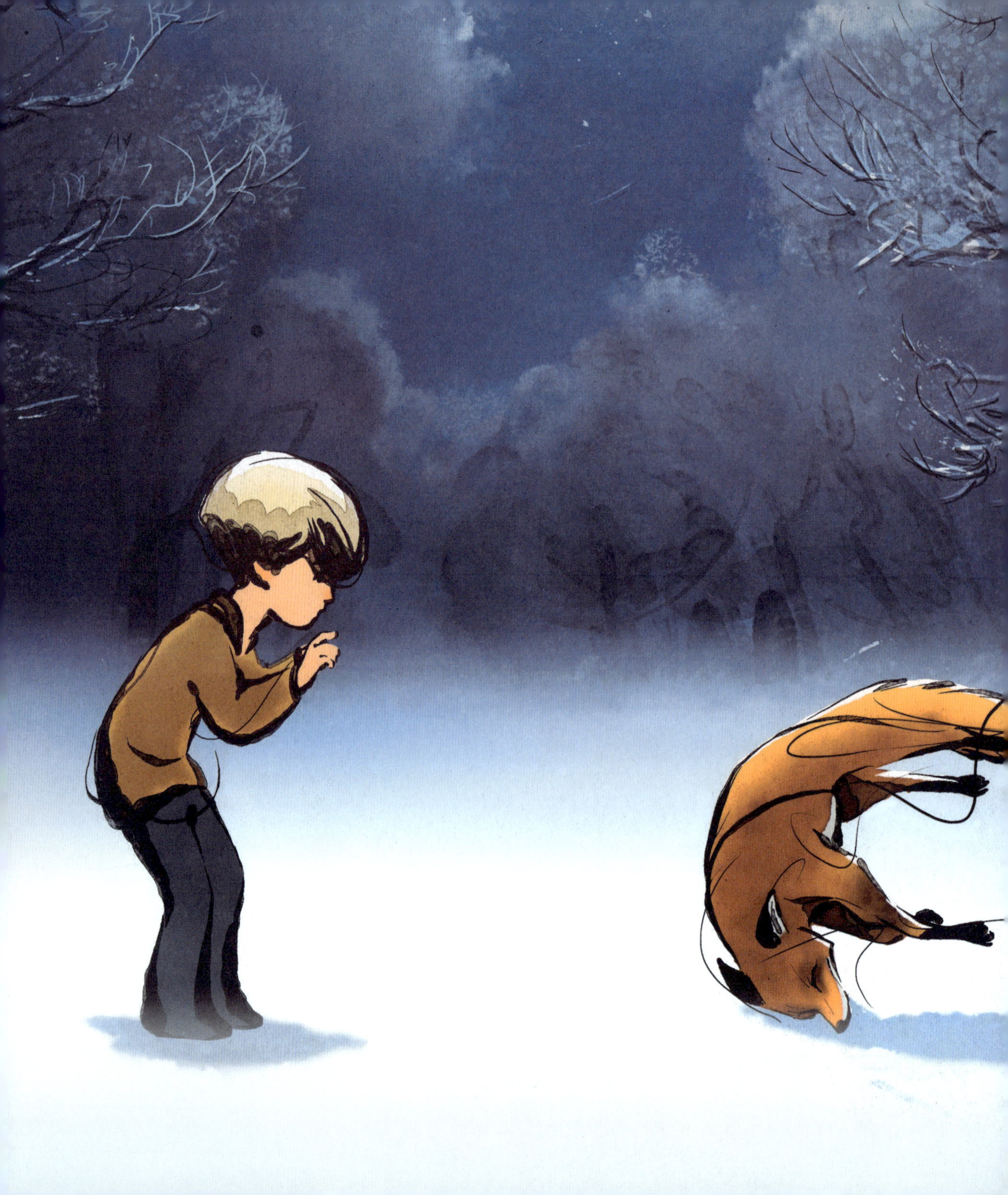

Então a toupeira roeu o arame com seus dentinhos.

– Você foi incrível.

– Uma das nossas maiores liberdades é escolher como reagimos às coisas – disse a toupeira.

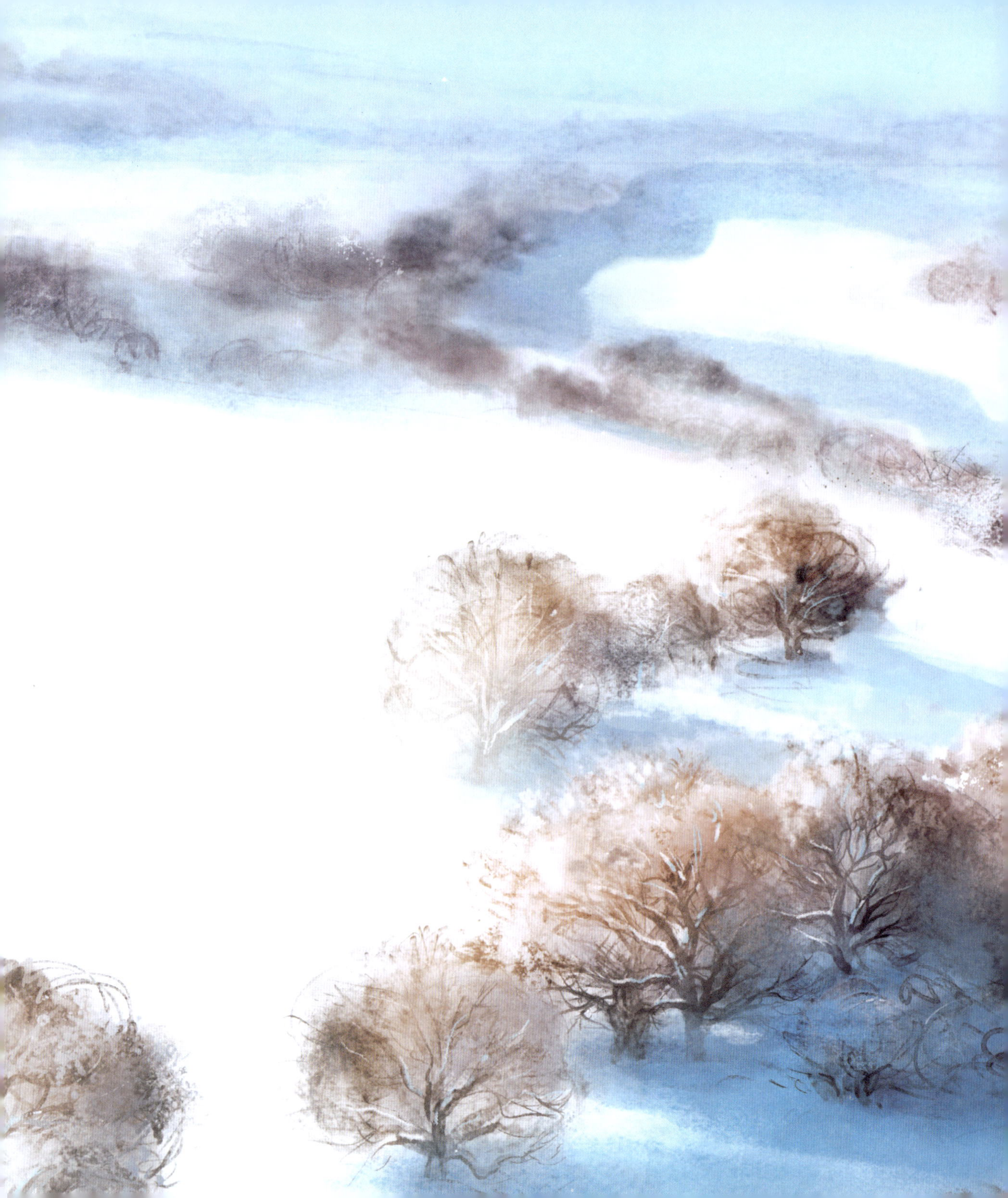

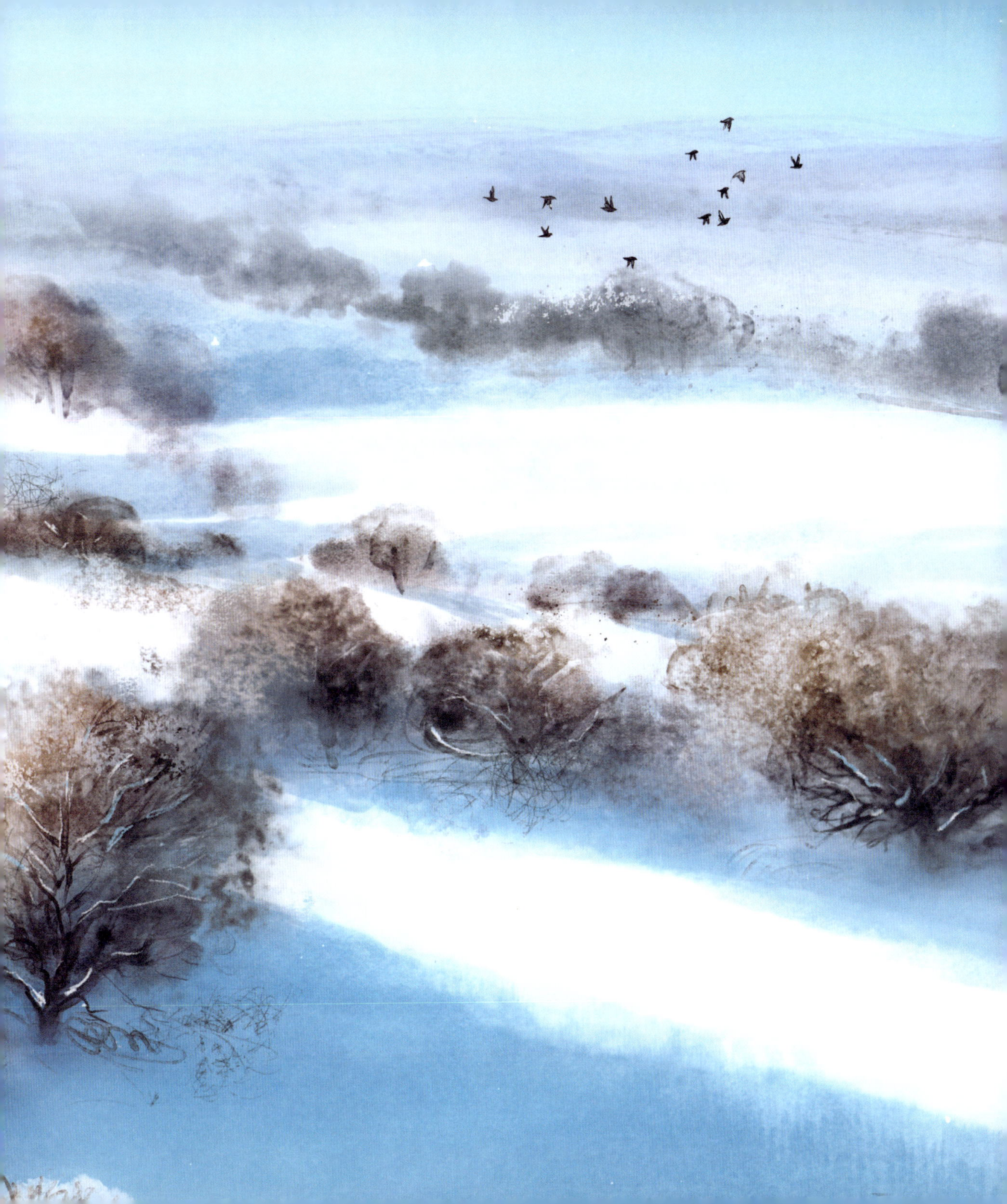

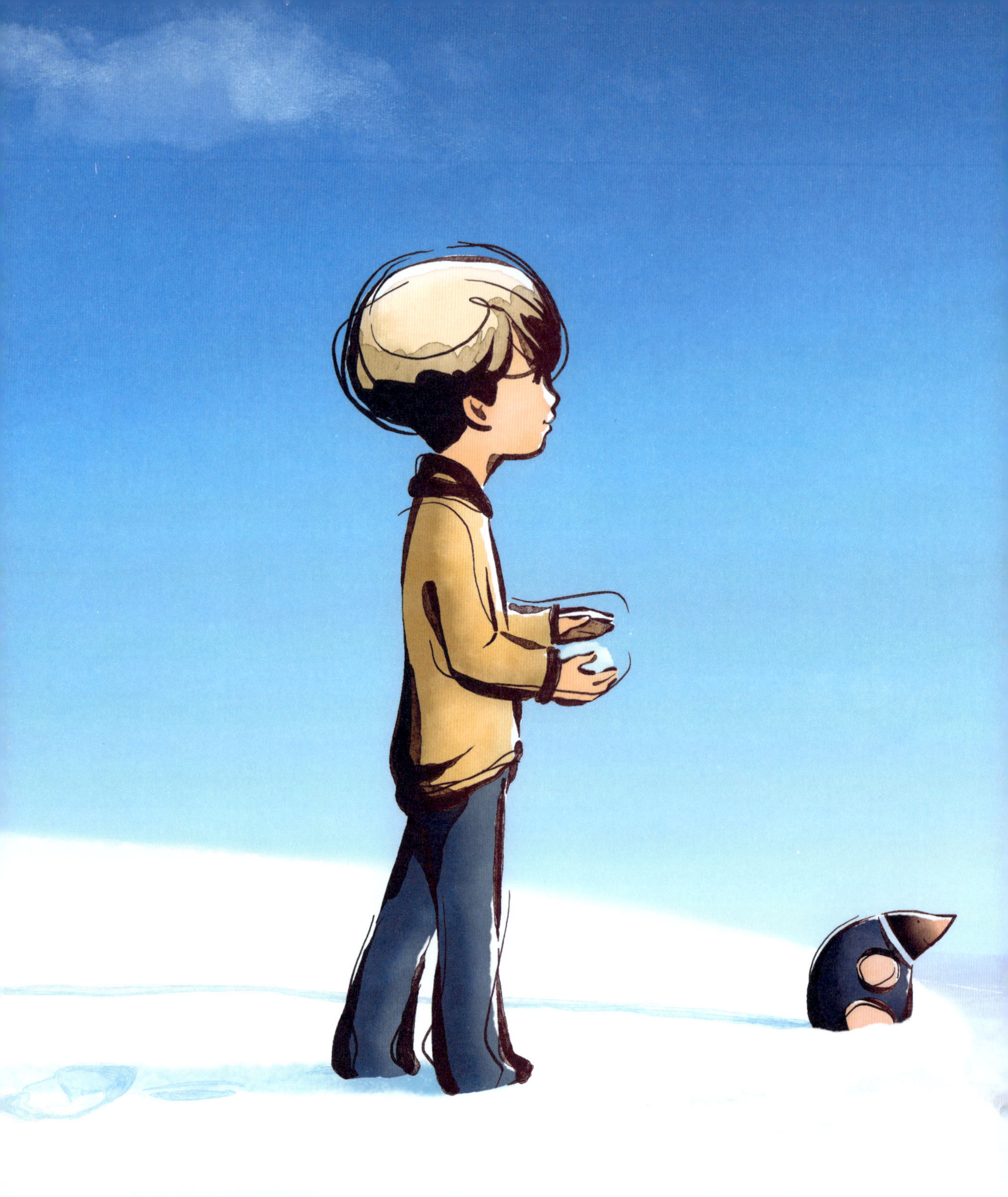

– Puxa, que manhã linda! – exclamou a toupeira.

– Vamos indo?

– Ops! Você está rolando – disse o menino. – Você parece uma bola de neve, não, uma bola de toupeira. Uma toupeira de neve... Pare de rolar!

— Socorro! — gemeu a toupeira.

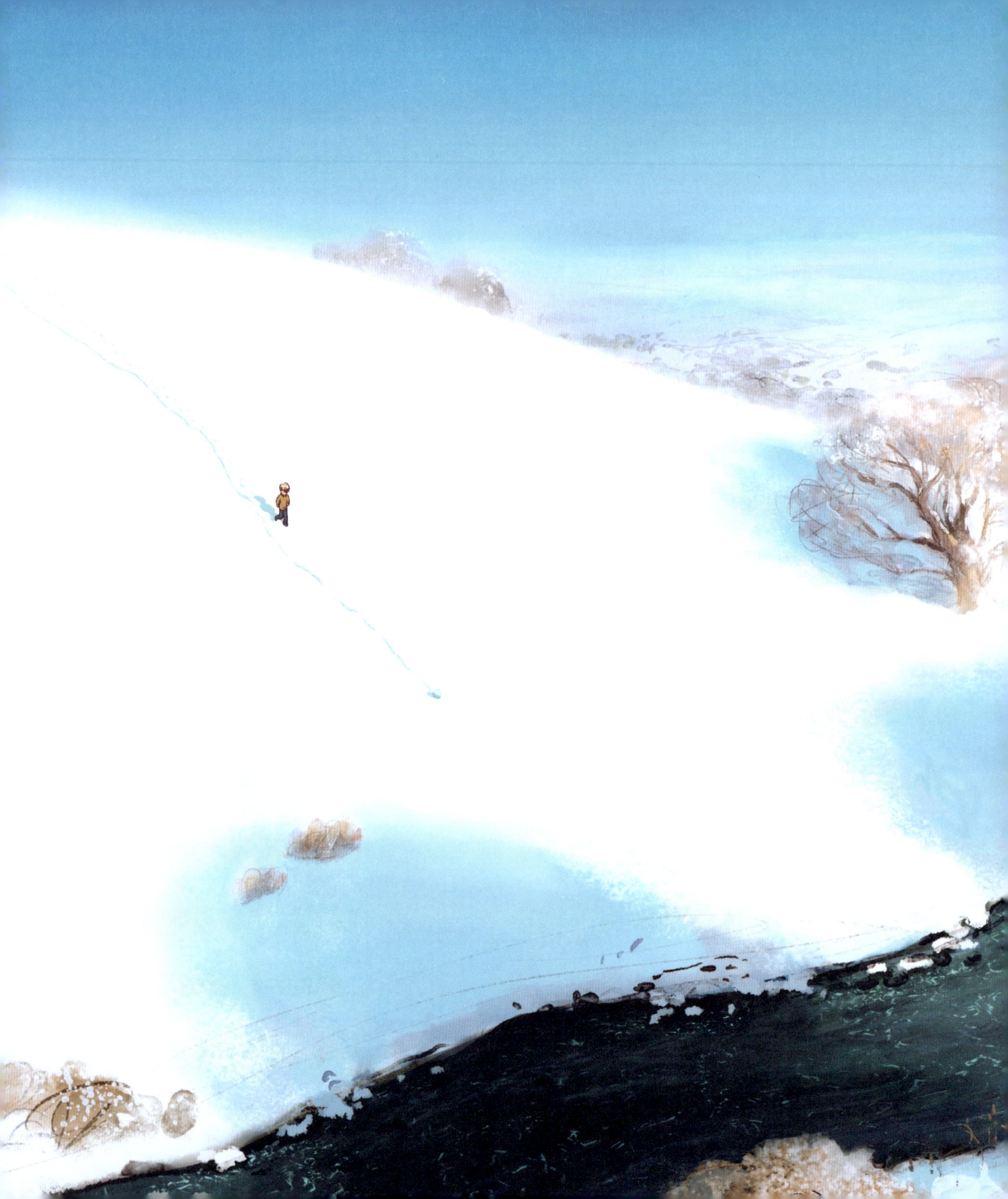

– Ai, não, o rio. Cuidado!

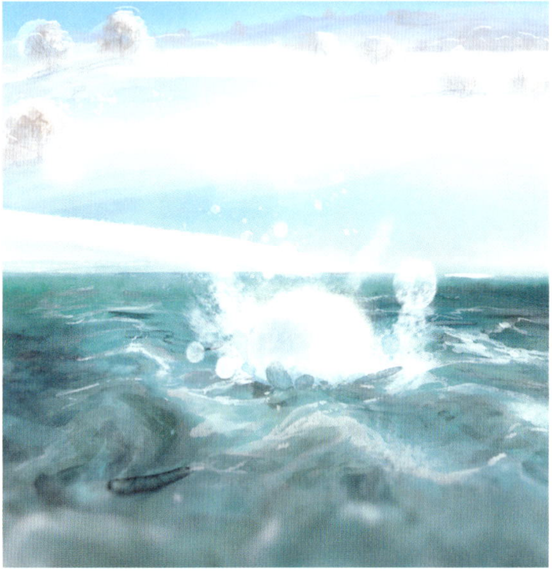

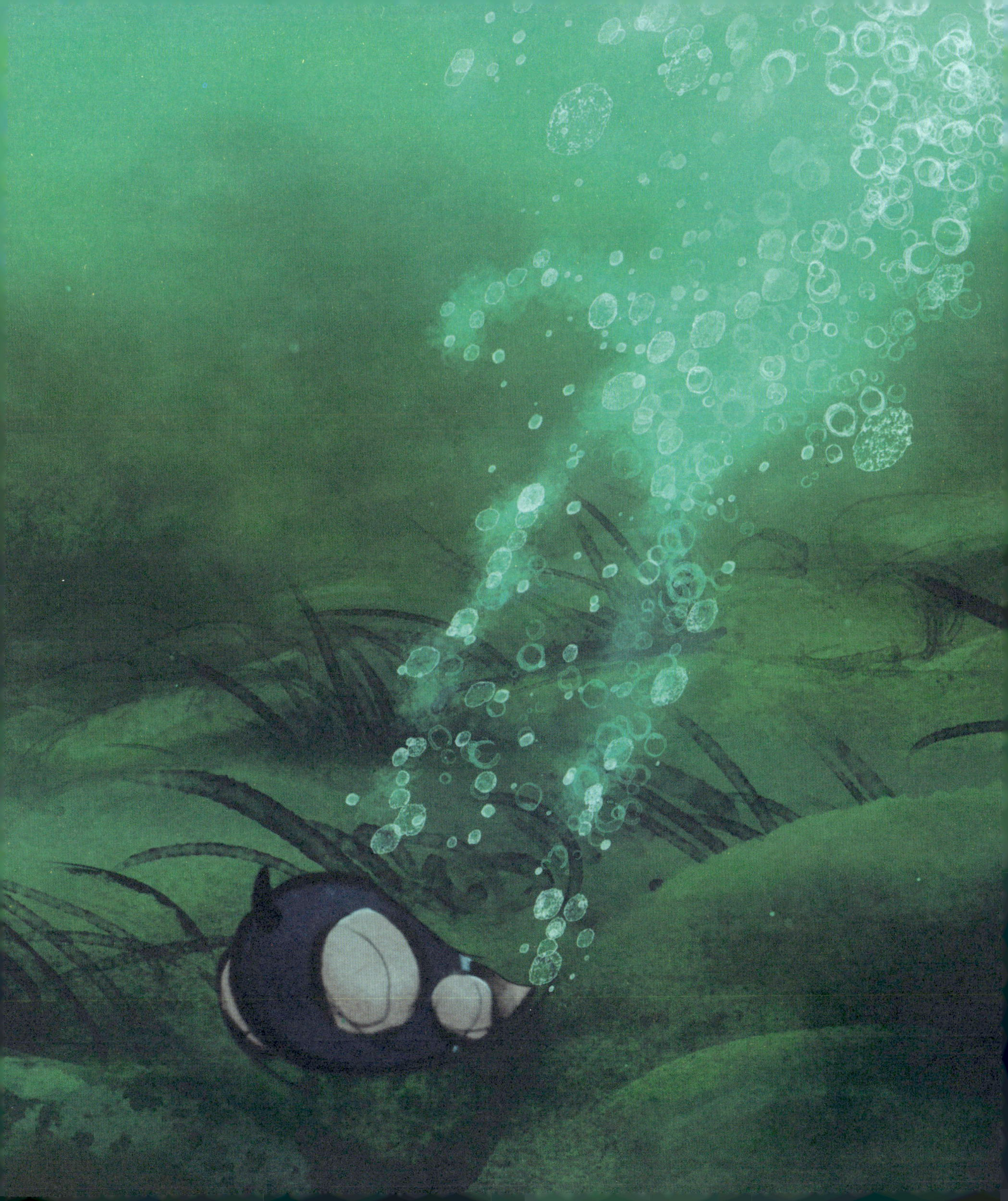

– Segure a minha mão!

– Essa não, a raposa!

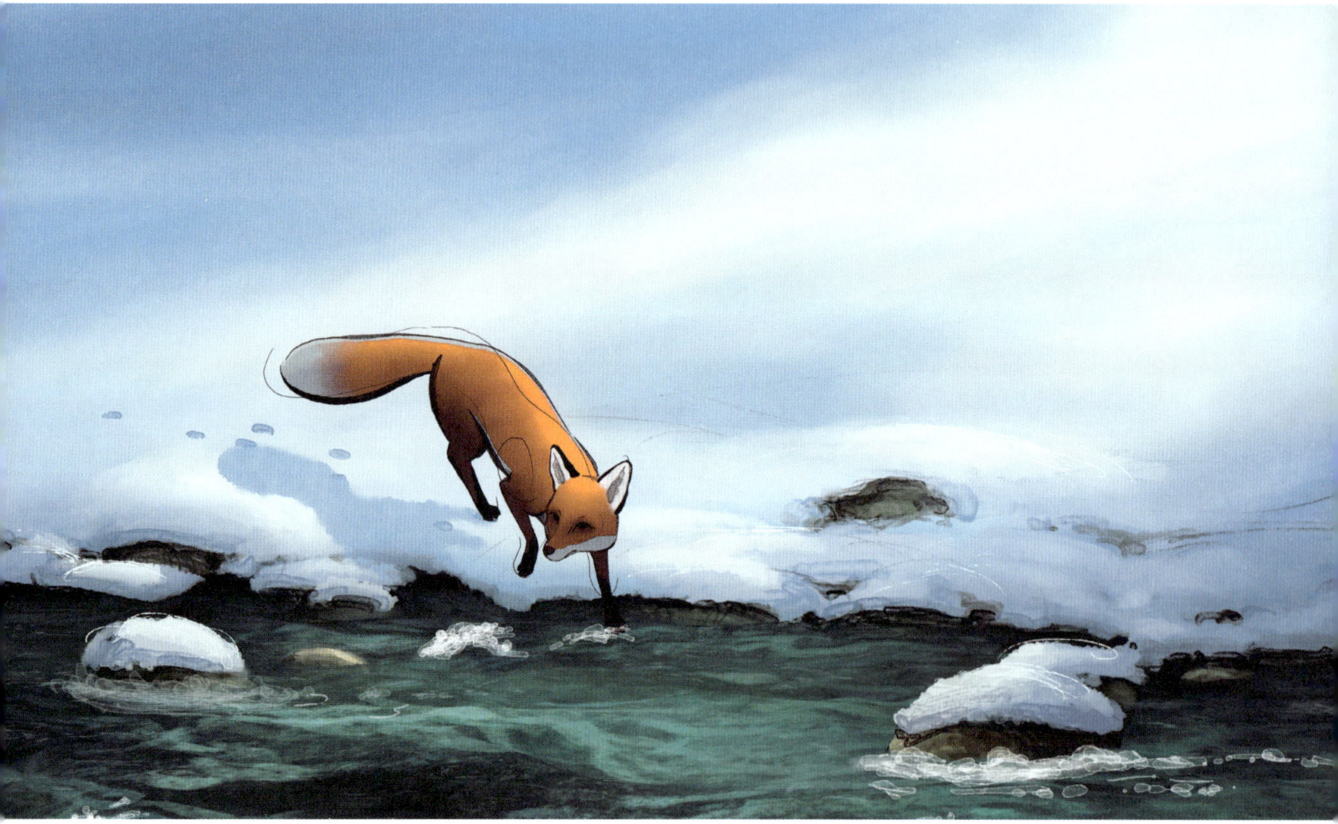

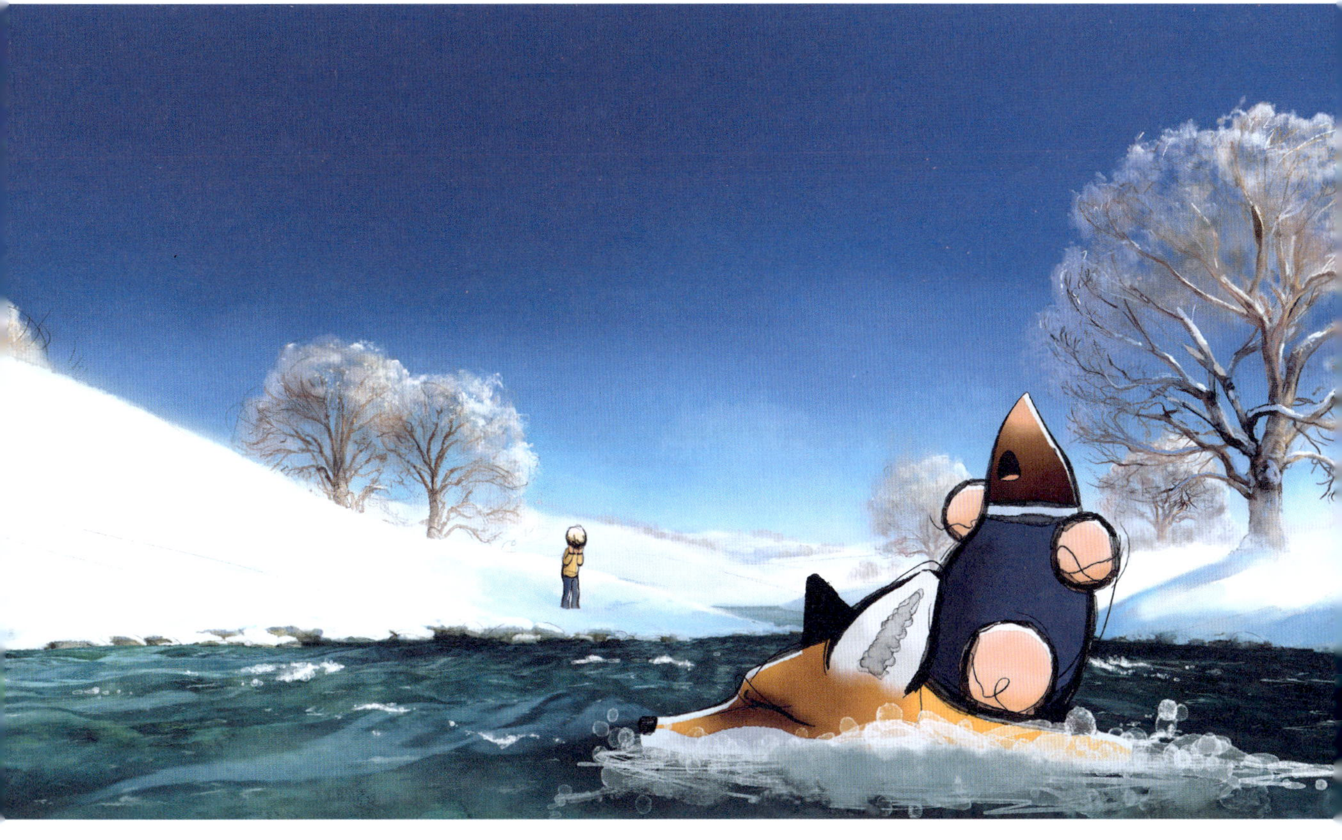

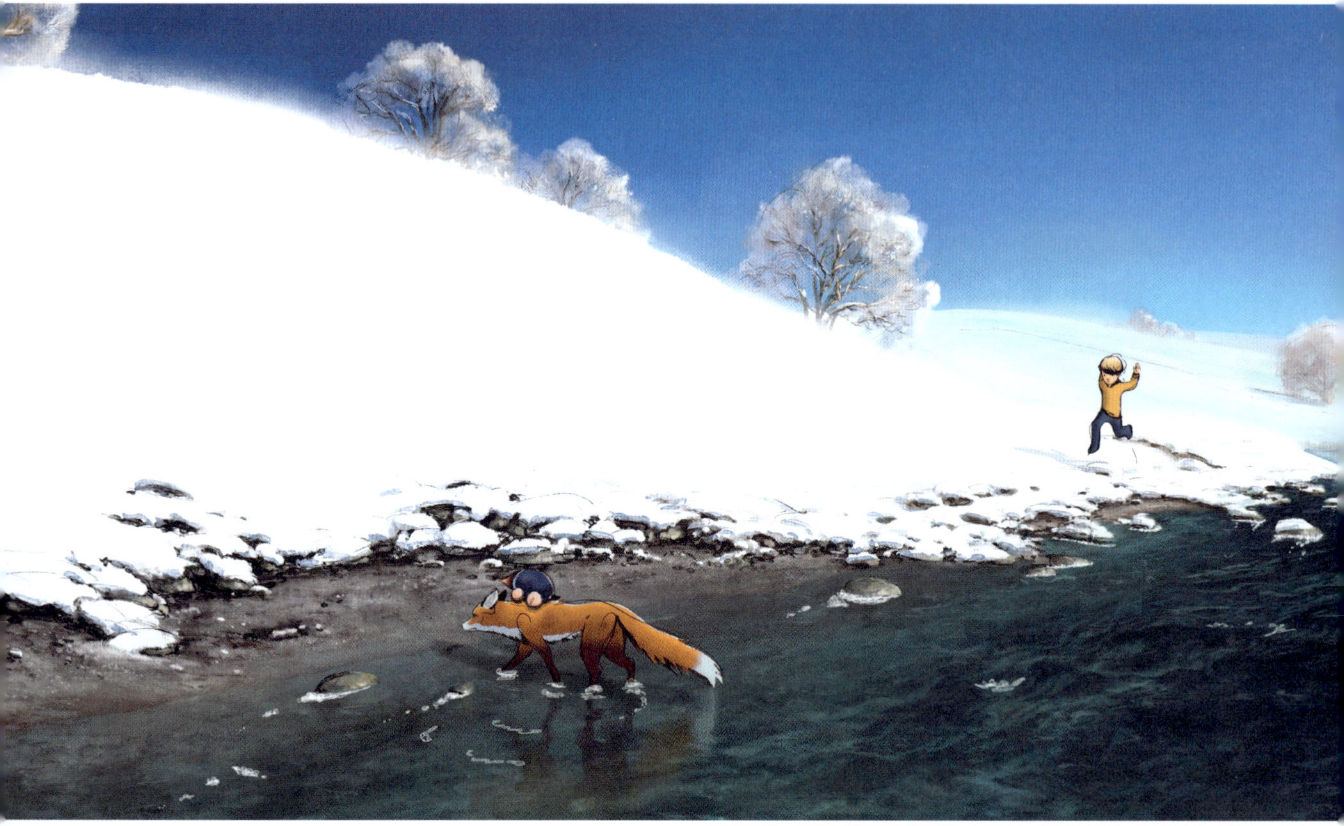

— Obrigada —
agradeceu a toupeira.

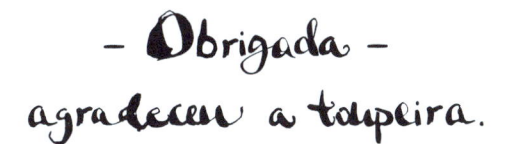

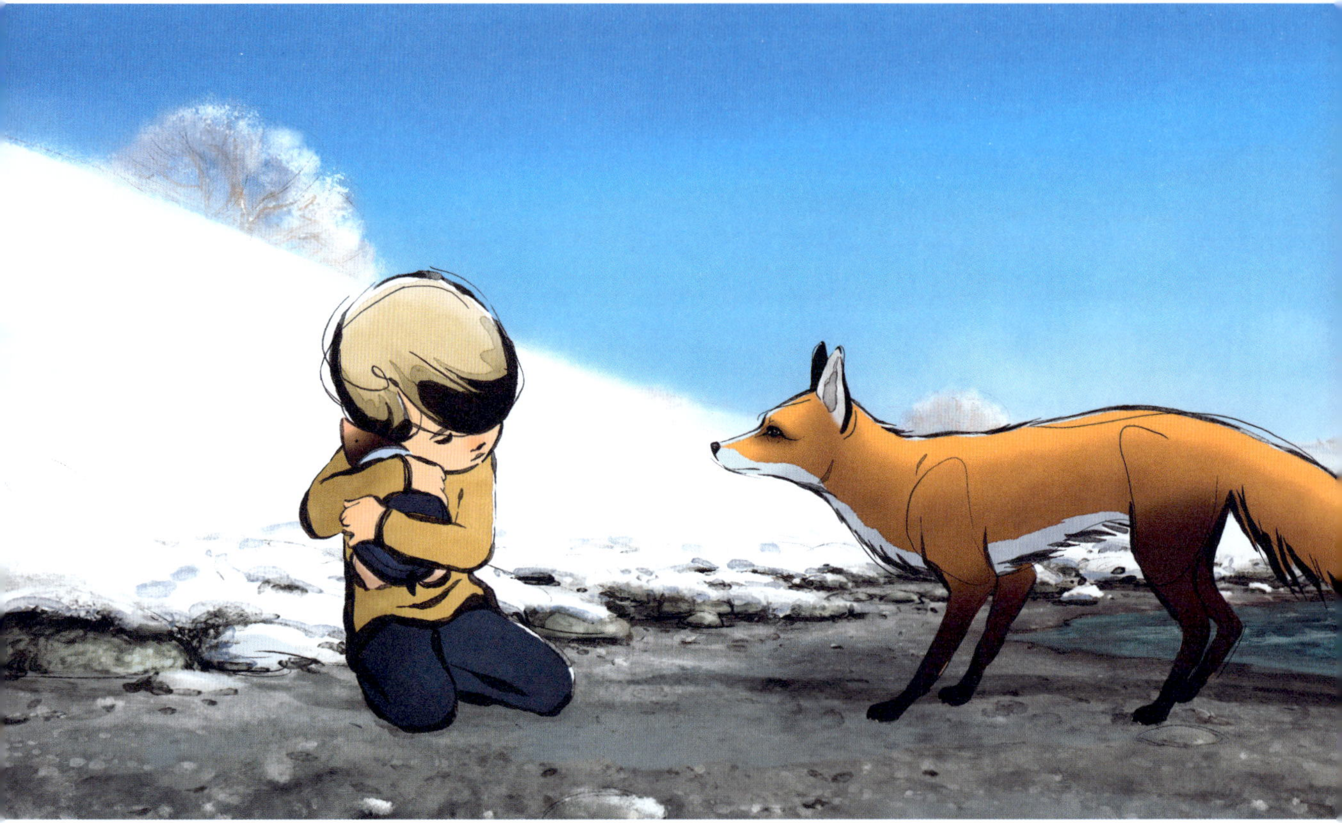

— Obrigado —
disse o menino.

– A raposa voltou. Acha que ela vem conosco? – perguntou o menino.

– Ah, espero que sim.

– Talvez ela também esteja perdida.

– Bem, acho que todo mundo se sente um pouco perdido às vezes – disse a toupeira. – Eu sei que eu me sinto assim.

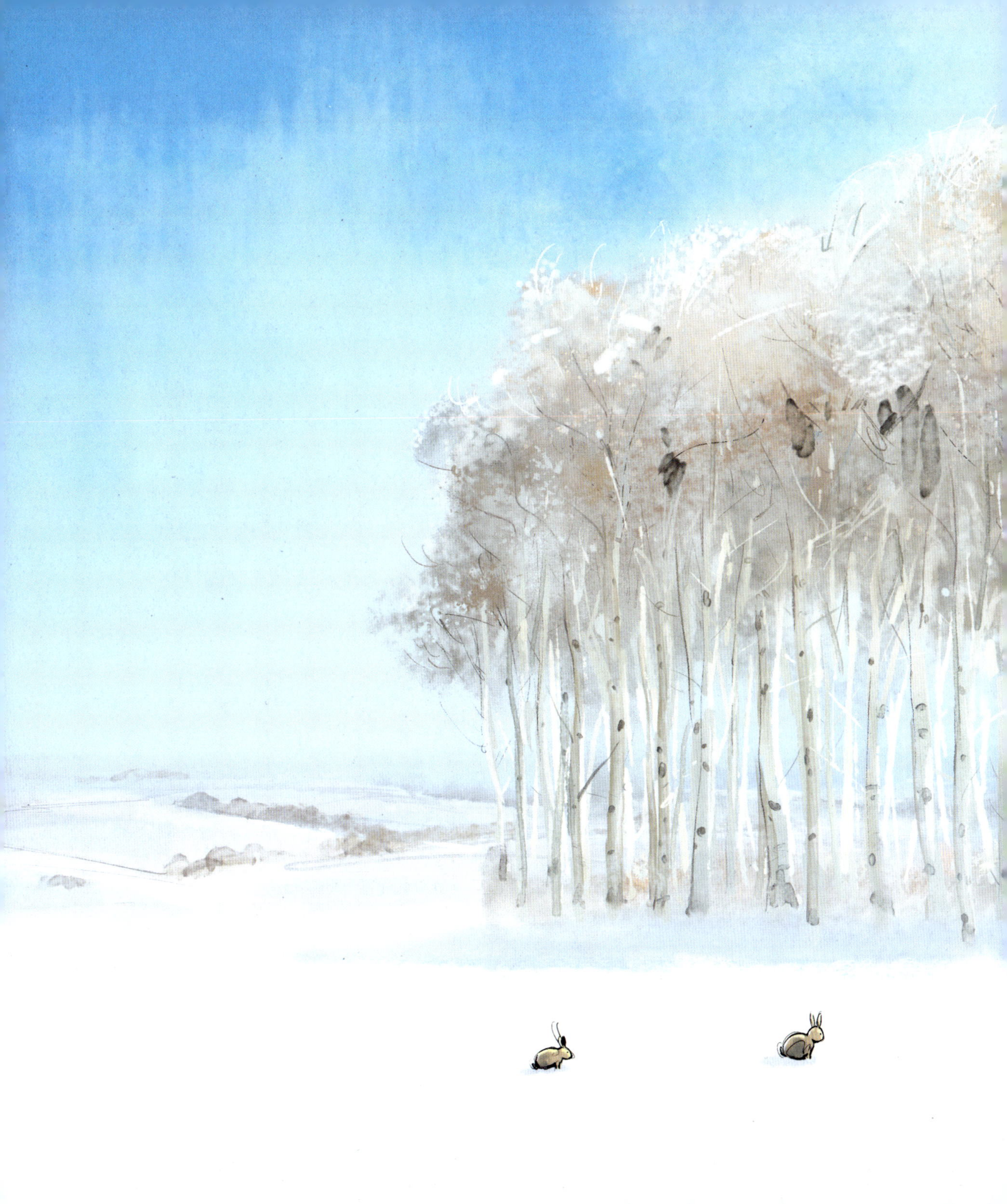

– Eu sei como é uma casa – afirmou a toupeira.

– Sabe?

– Sei. Ela tem paredes, um teto, uma campainha na porta e bolos em todas as janelas.

– Acho que isso é uma loja de bolos – disse o menino.

— Ah, e não é um tipo de casa?

— Não dá para morar numa loja de bolos.

— Por que não?

— Acho que uma casa é um lugar quente e aconchegante, com luzes.

— Ah — disse a toupeira.

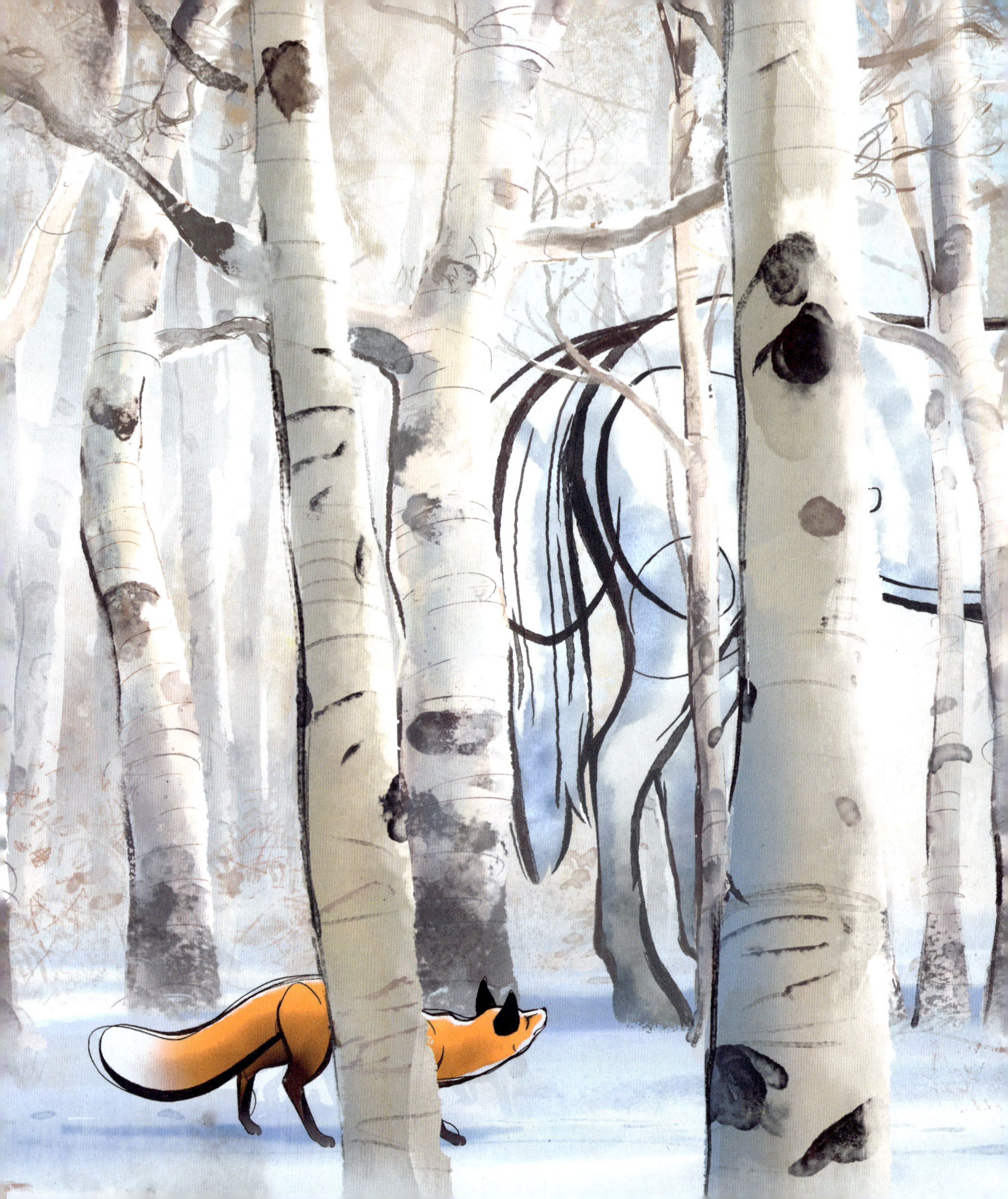

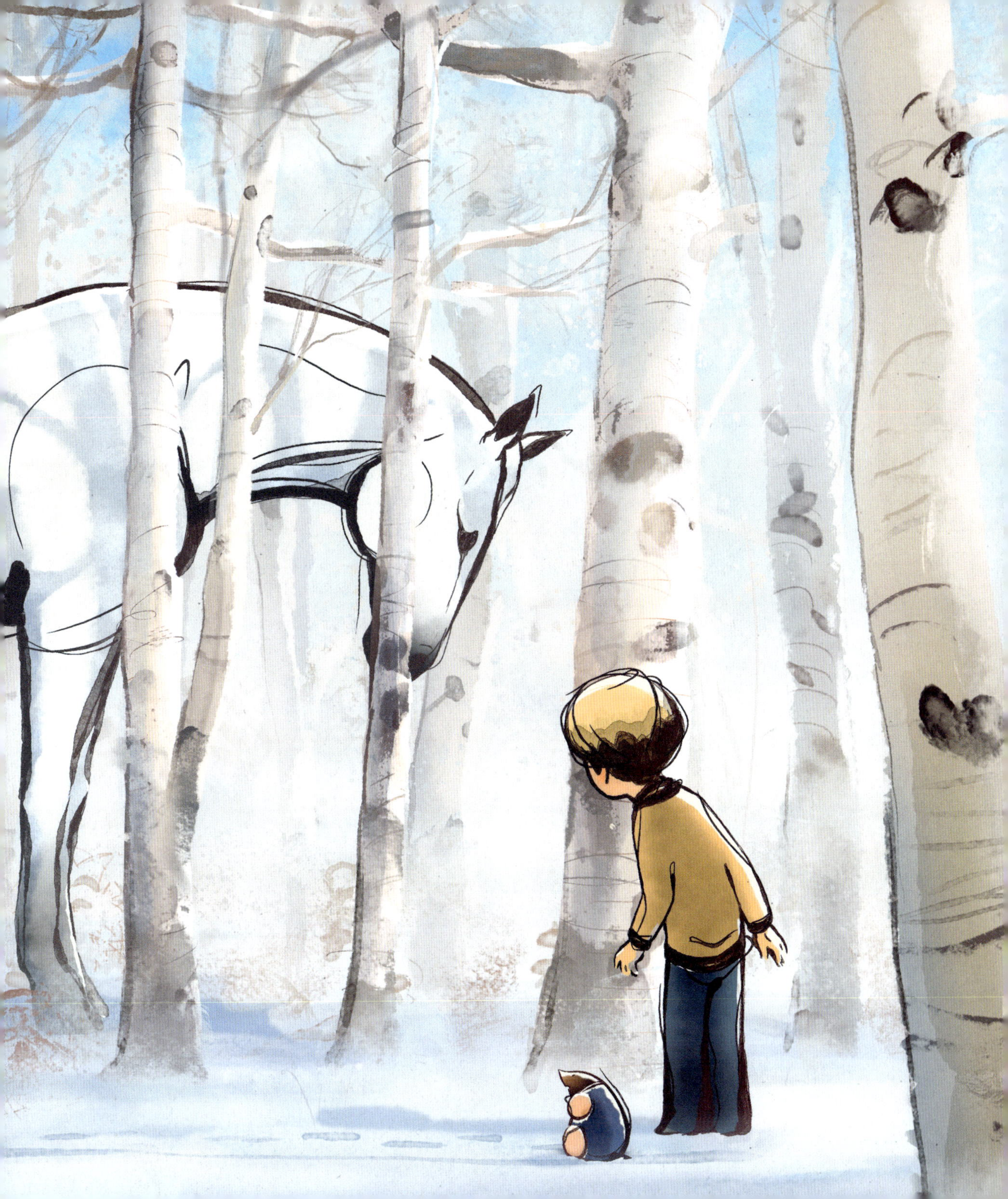

– Olá.

— Olá.

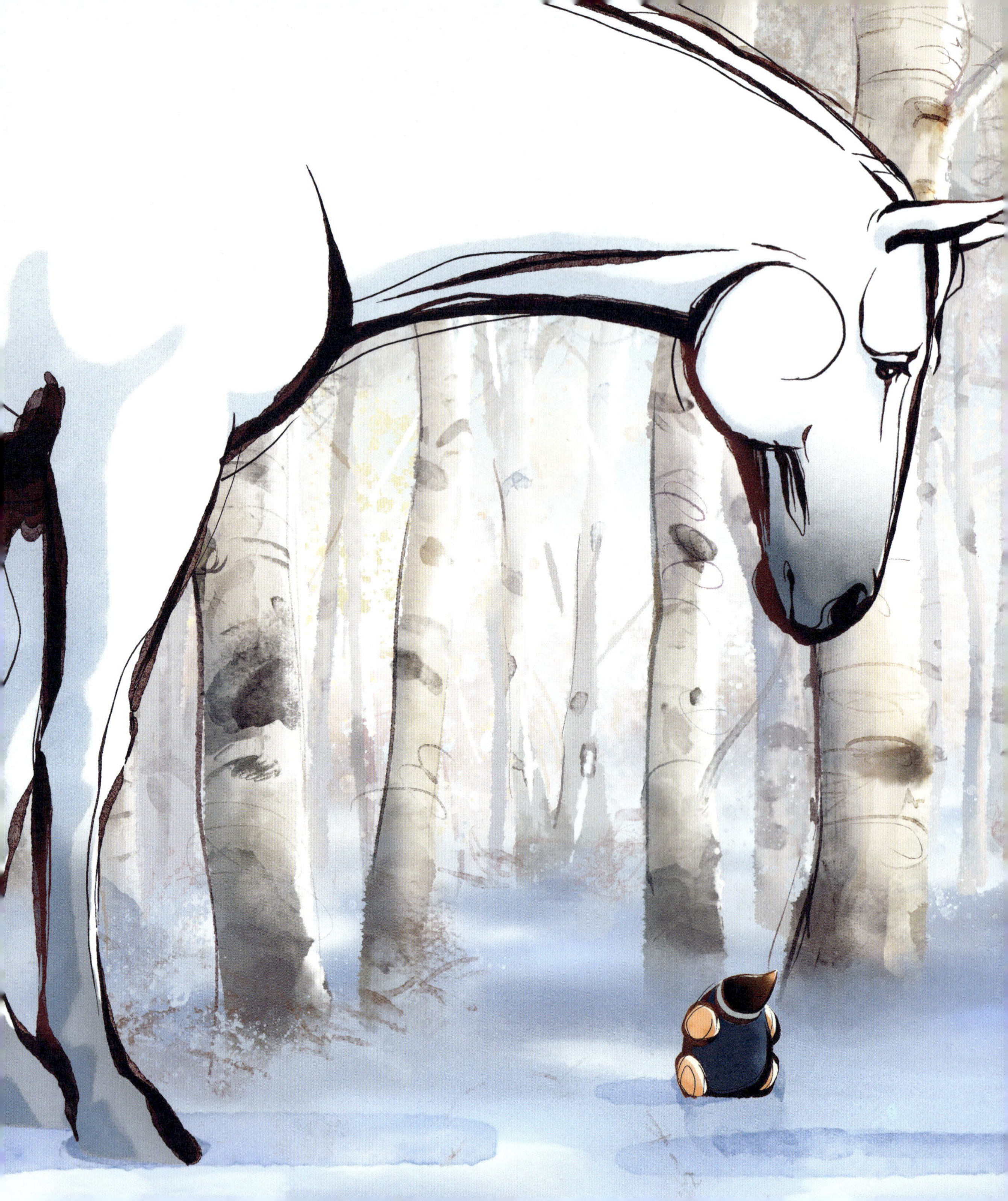

— Faz muito tempo que você está aqui? — perguntou o menino.

— Parece que sim — disse o cavalo.

— Você está perdido?

— Não.

— Nós estamos — disse a toupeira. — Mas nós temos... um plano.

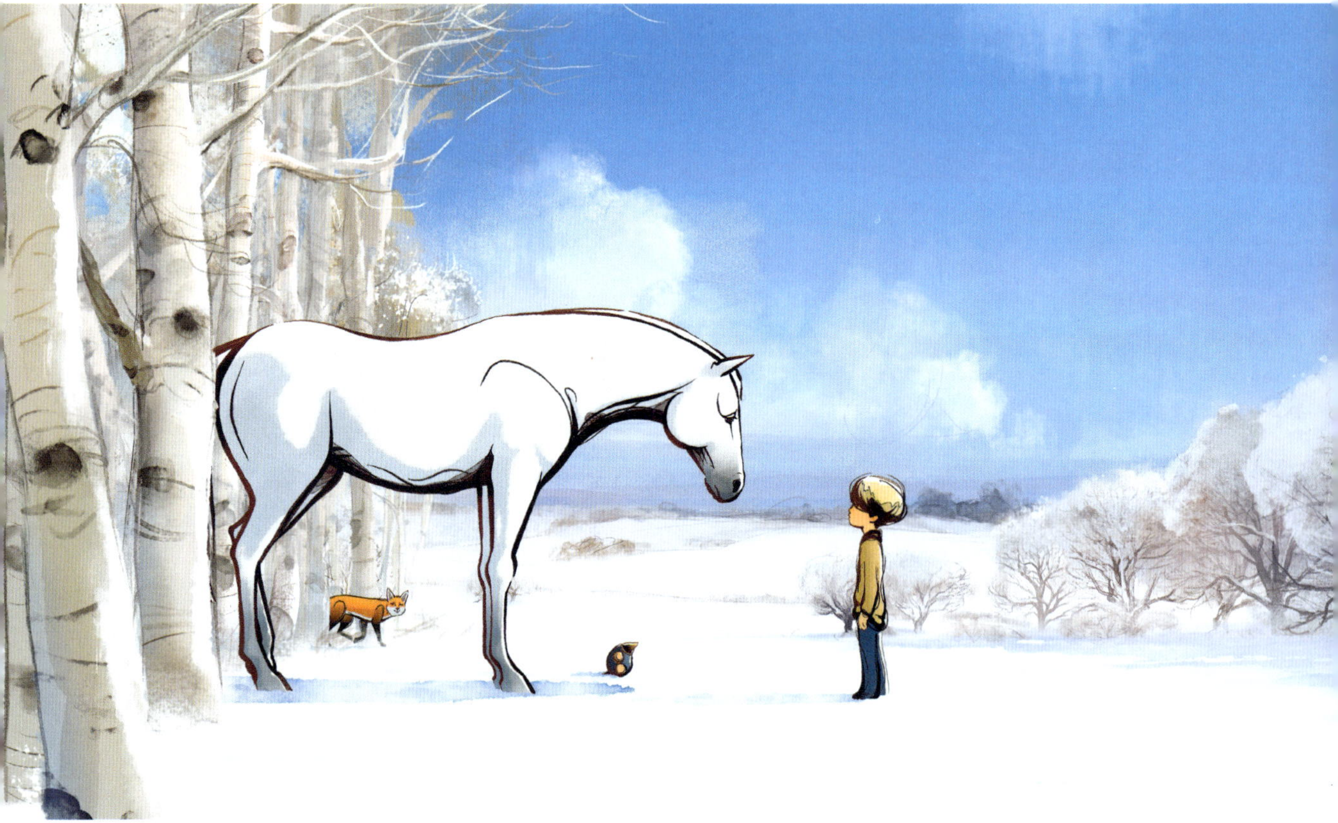

– Olha só, a neve nas árvores é igualzinha a glacê de bolo – comparou a toupeira.

– Você tem uma ideia fixa!

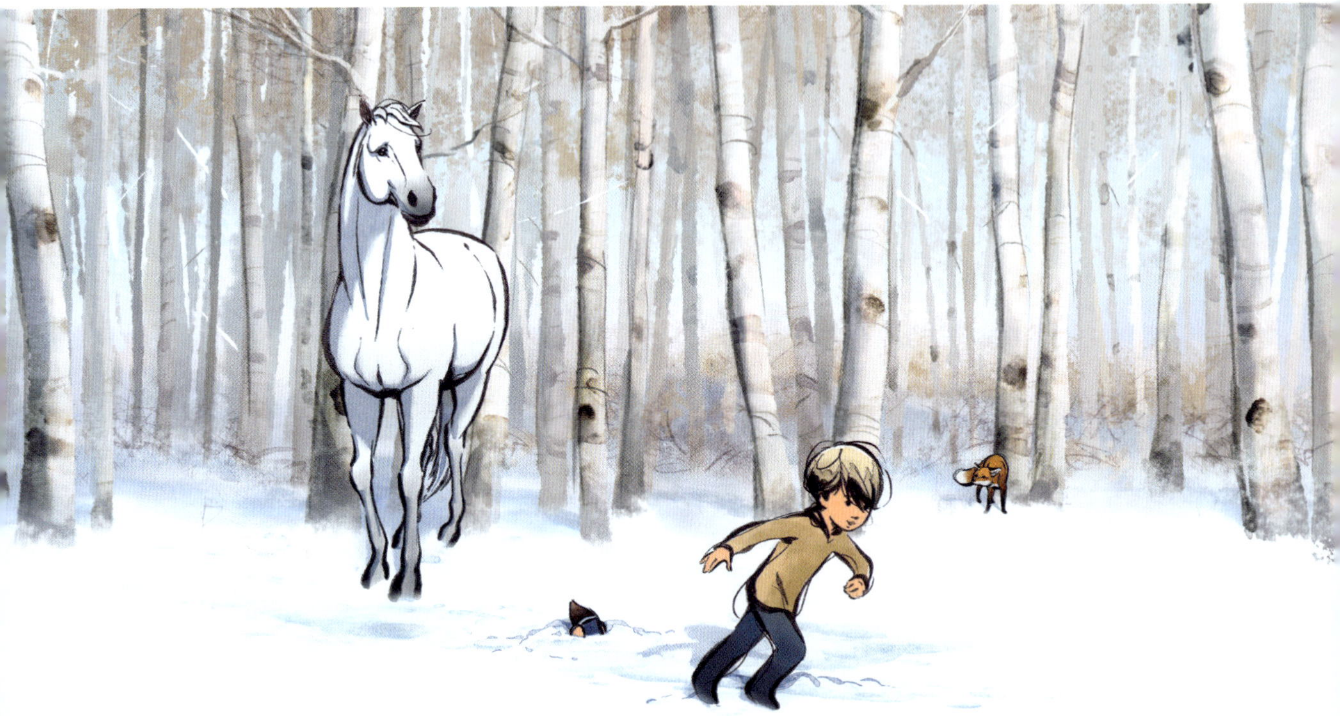

– Fazer nada com os amigos nunca é fazer nada, não é? – perguntou o menino.

– Não – respondeu a toupeira.

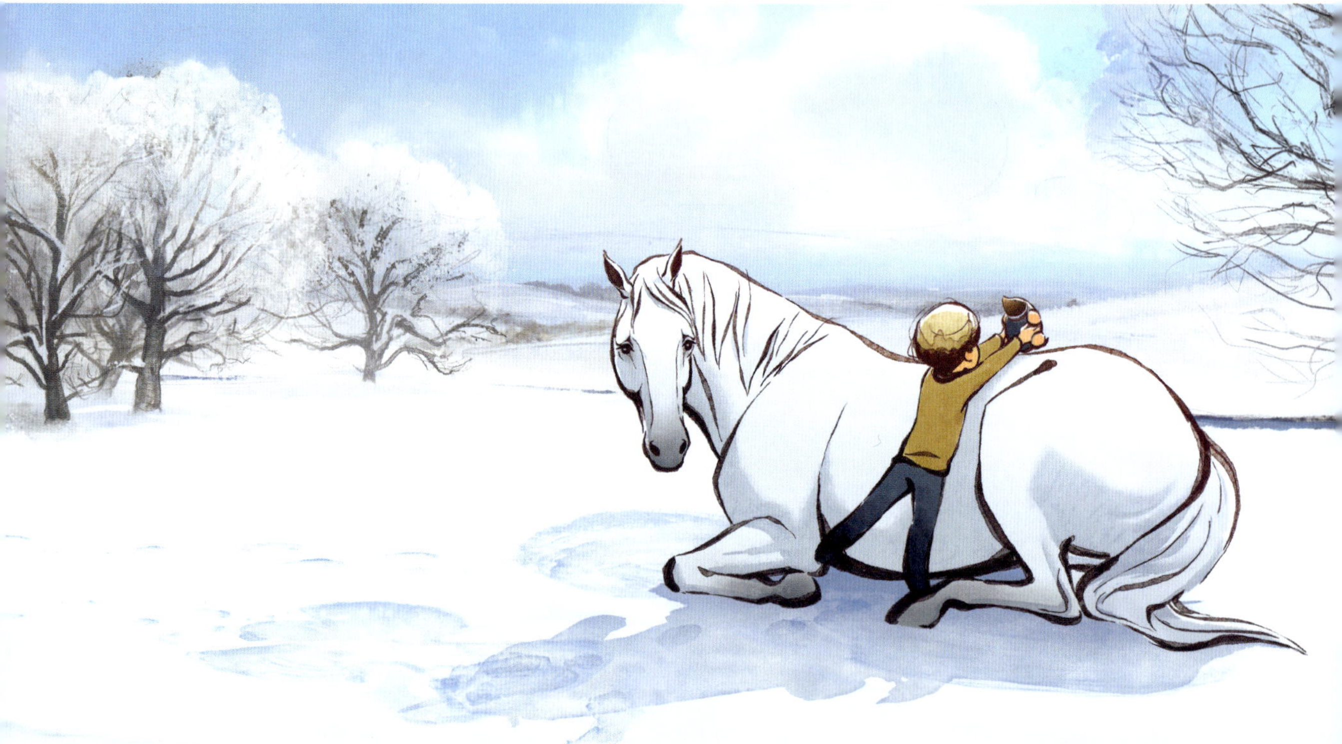

— Sou tão pequena — disse a toupeira.

— É verdade — concordou o menino —, mas faz uma grande diferença.

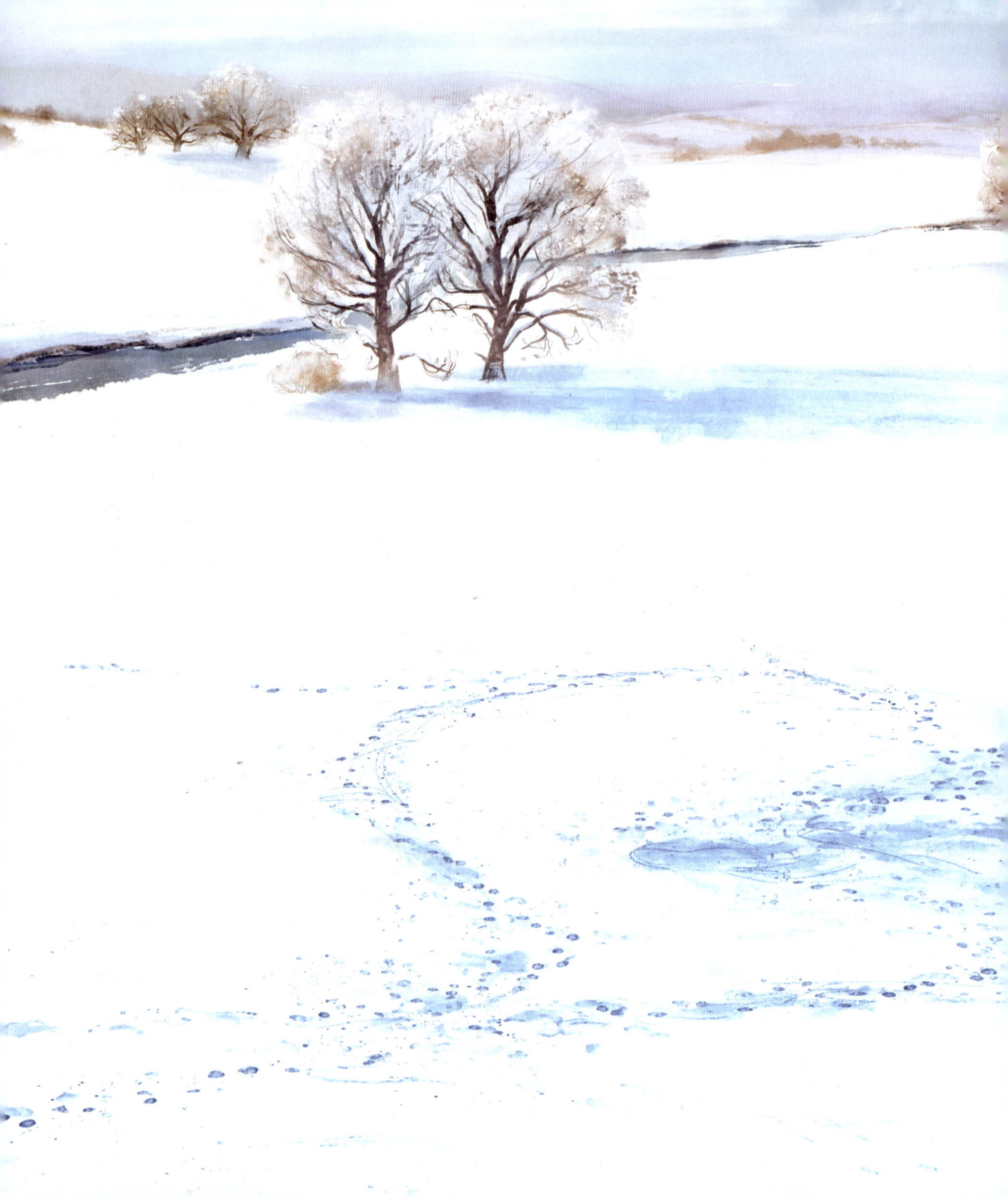

– E aí, o que vamos fazer? – perguntou o cavalo.

– Estamos em busca de bolo – respondeu a toupeira.

– É verdade?

– Não, não é bem assim. Estamos seguindo o rio para encontrar uma casa.

– E onde fica?

– Nós... não sabemos – admitiu o menino.

– Então é melhor a gente partir.

— Você pode correr bem rápido? — perguntou o menino.

– Bem – disse a toupeira –, eu não diria que sou uma atleta, mas cheguei a ganhar uma competição de escavação.

– Eu não estava falando com você!

– Ah, entendi – disse a toupeira.

— Minha nossa! — exclamou a toupeira.

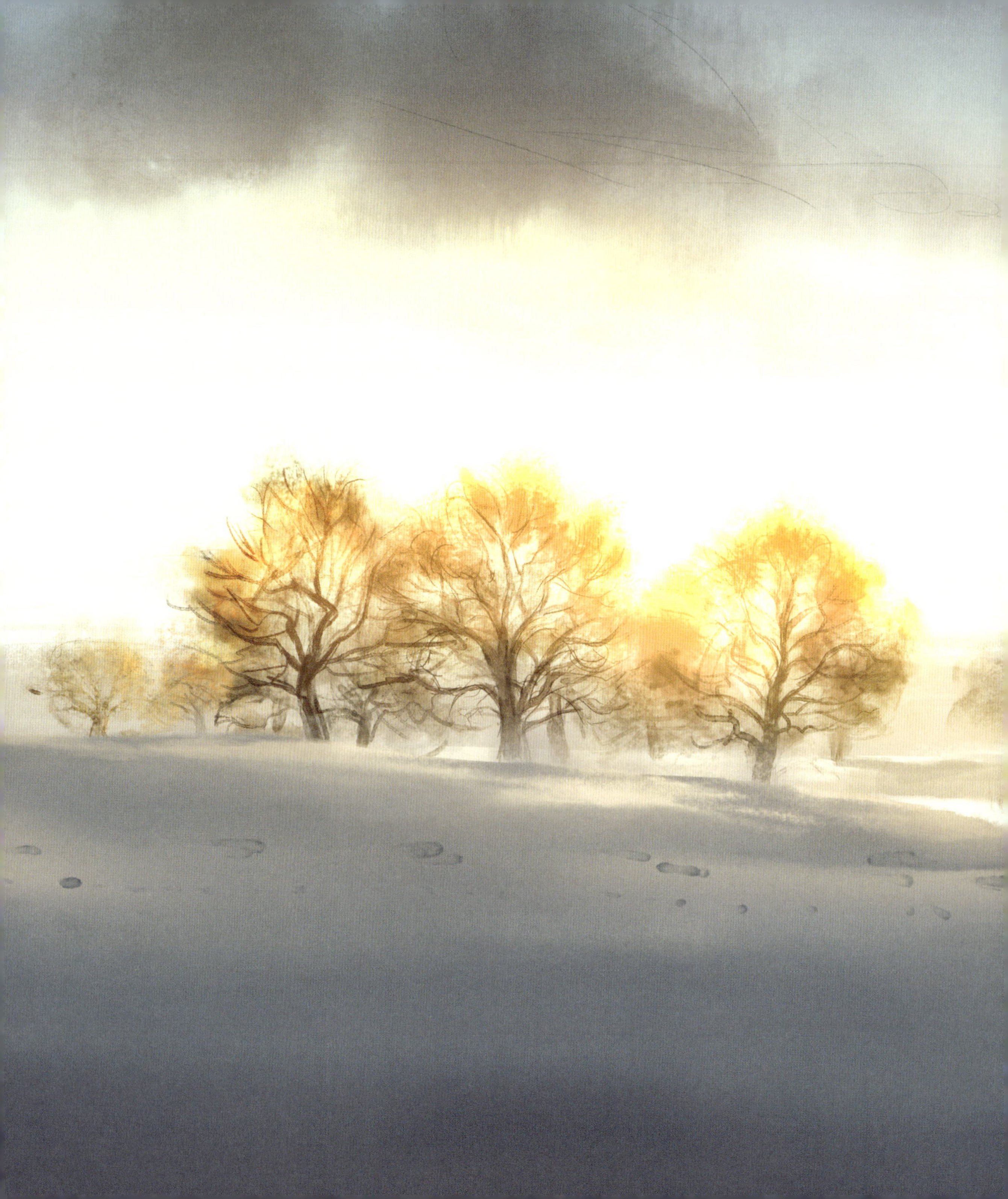

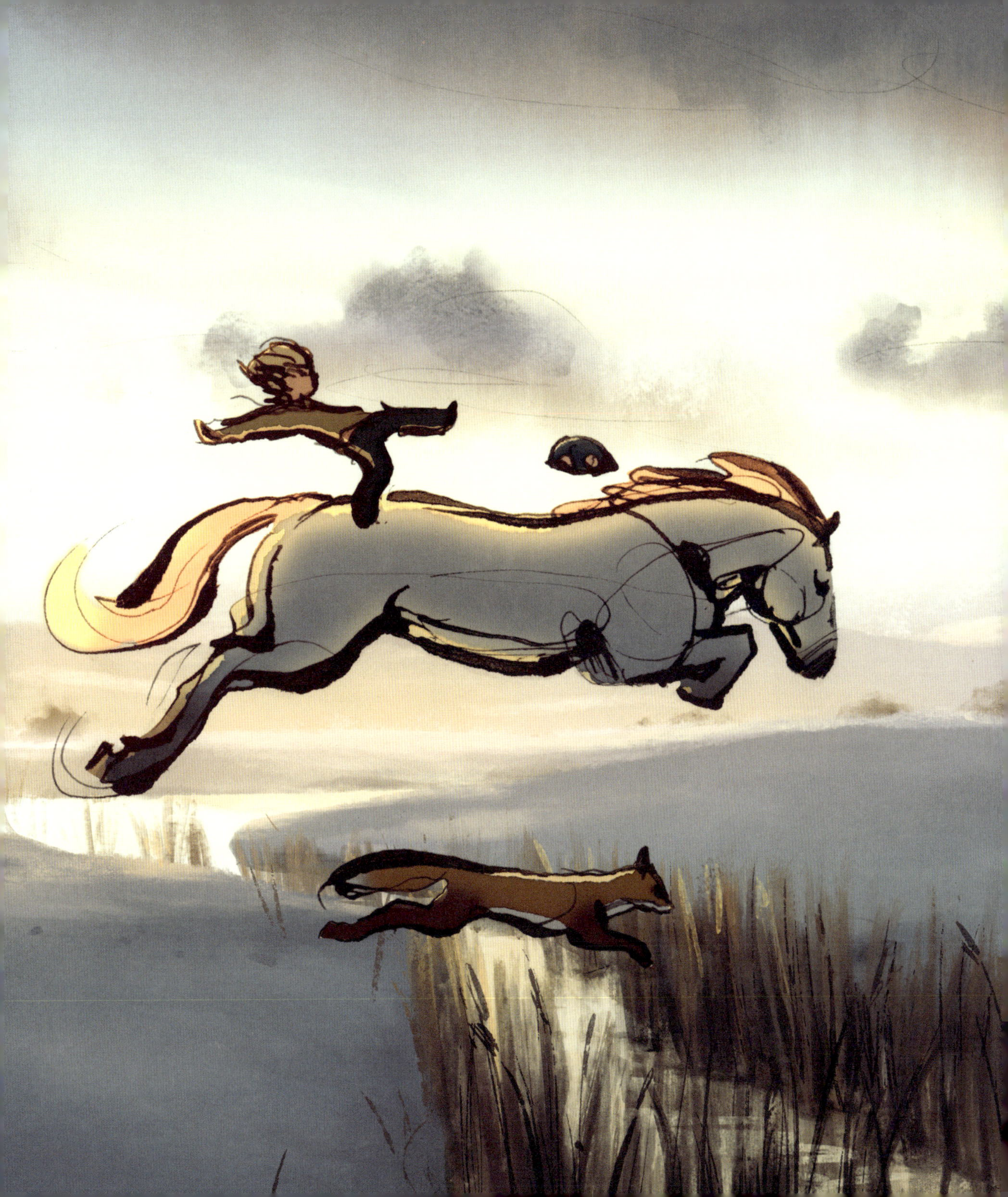

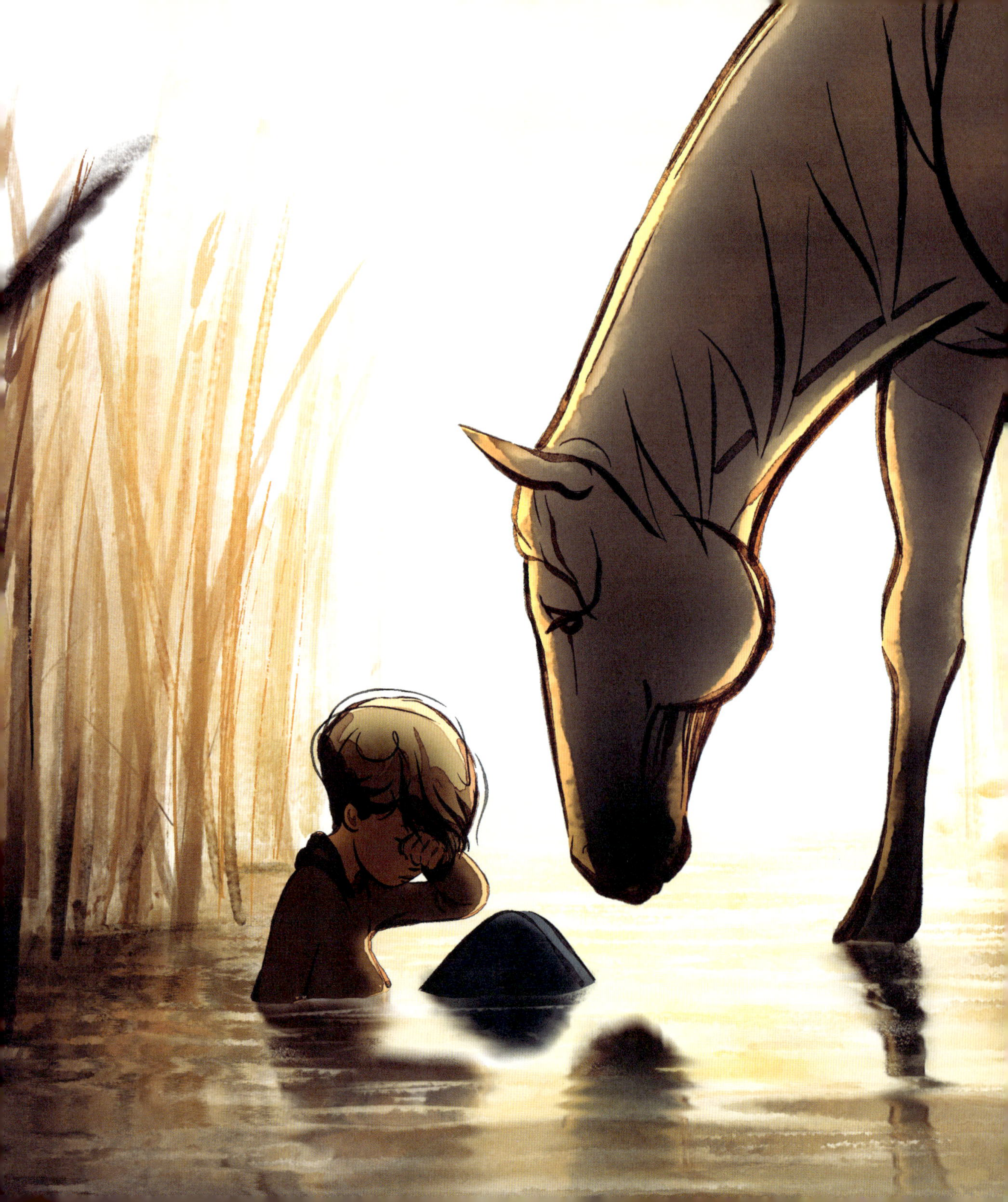

– Você caiu...
mas segurei você.

– Desculpe – disse o menino.

– Foi um acidente – respondeu a toupeira.

– Foi culpa minha. Eu me soltei – disse o menino. – Puxa vida. Desculpe, desculpe.

– Está tudo bem – disse o cavalo. – As lágrimas caem por um motivo e são sinal de força, não de fraqueza.

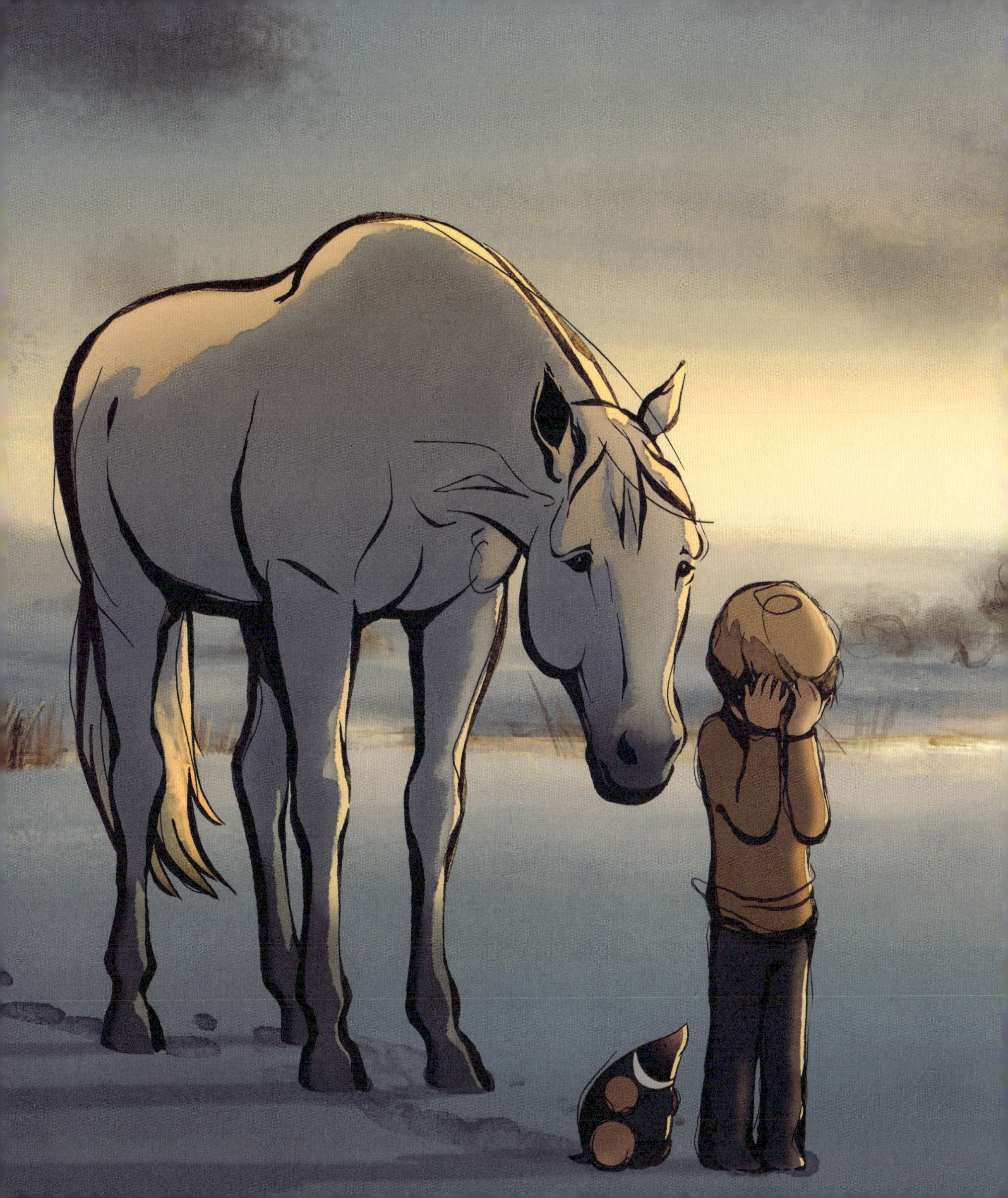

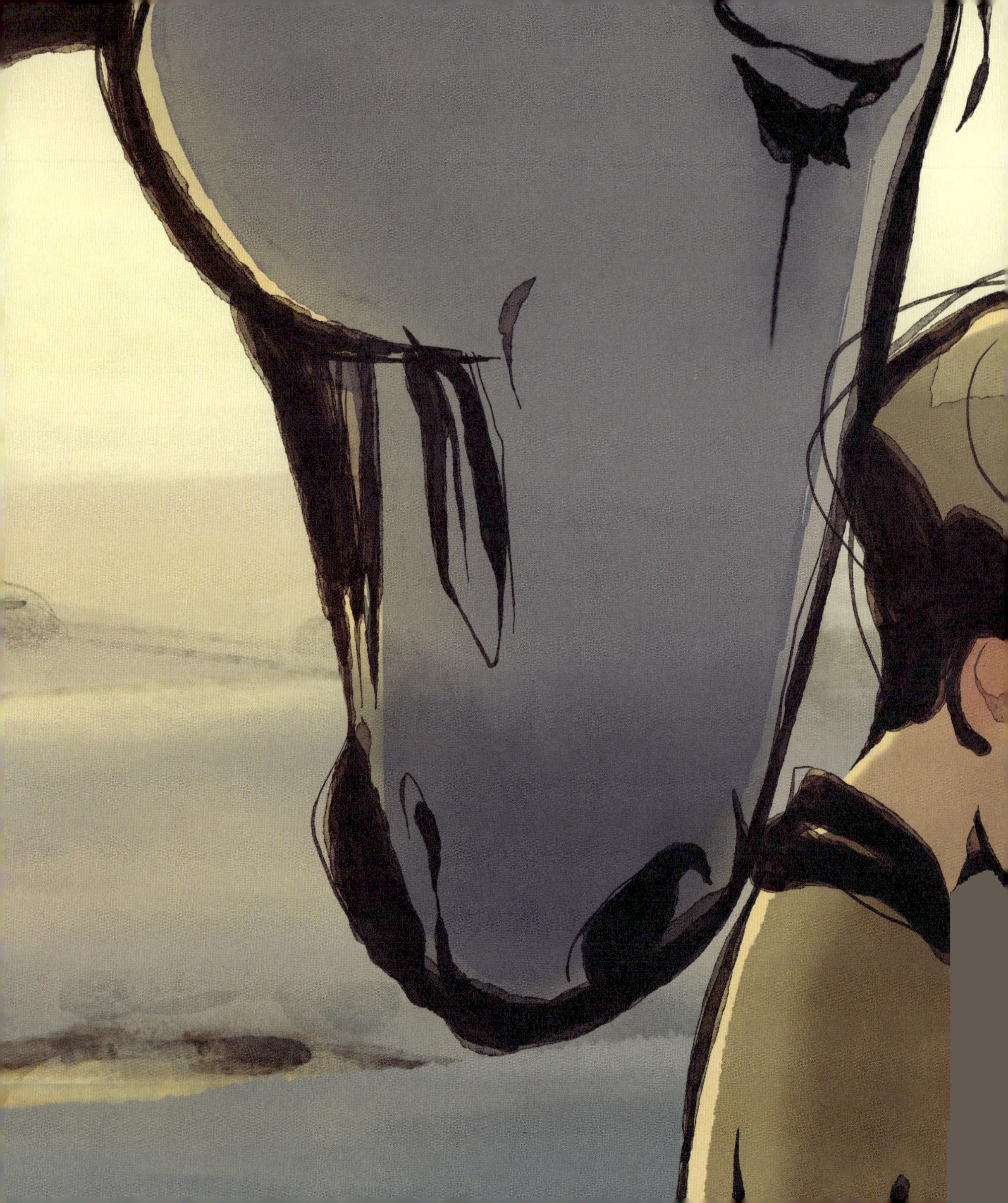

— Acho que vocês acreditam em mim mais do que eu mesmo — disse o menino.

— Você chega lá.

– A vida é difícil,
mas você é amado.

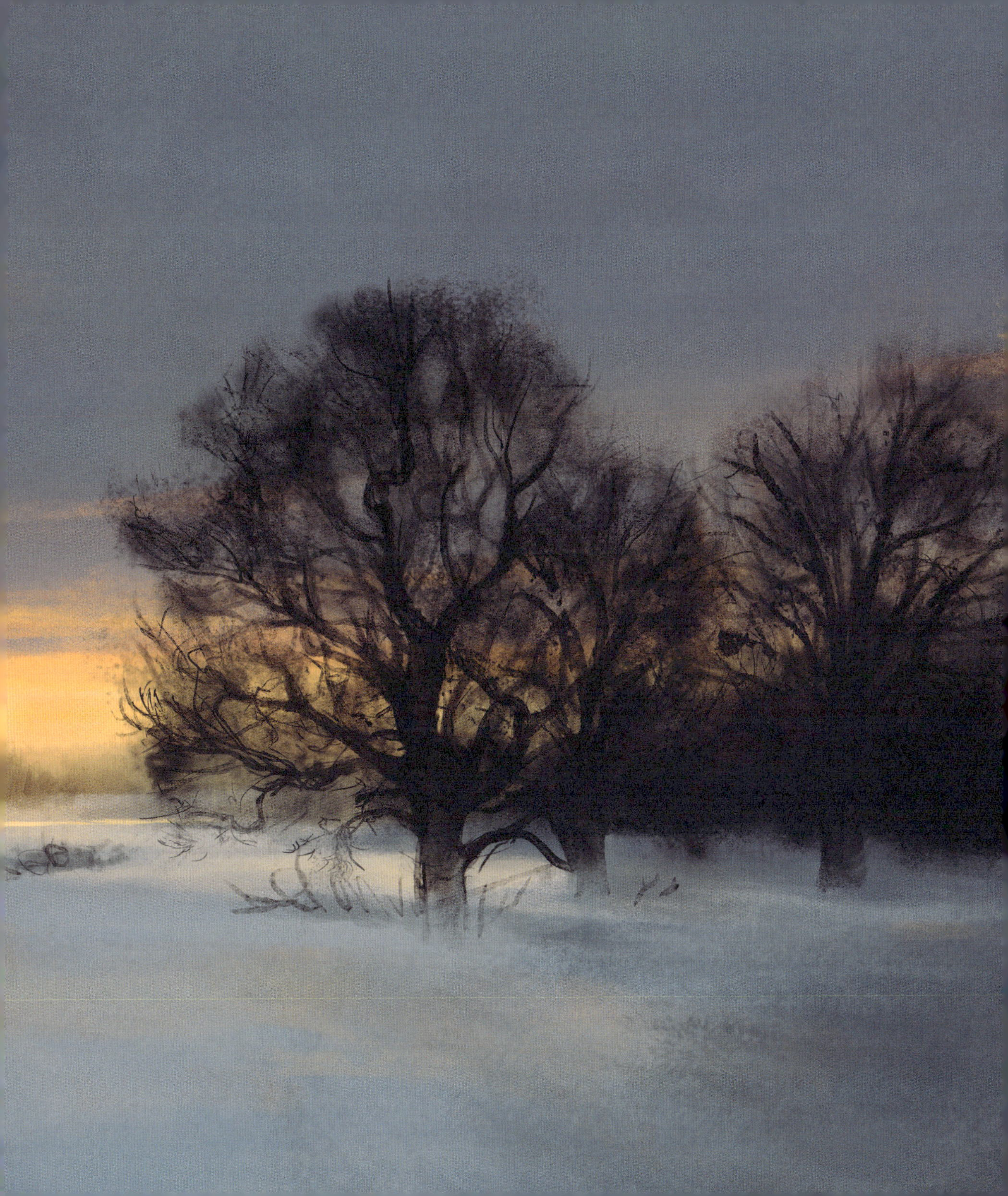

— Vejam só! Luzes!
Parece uma casa.

— Parece sim, não é? — disse a toupeira.

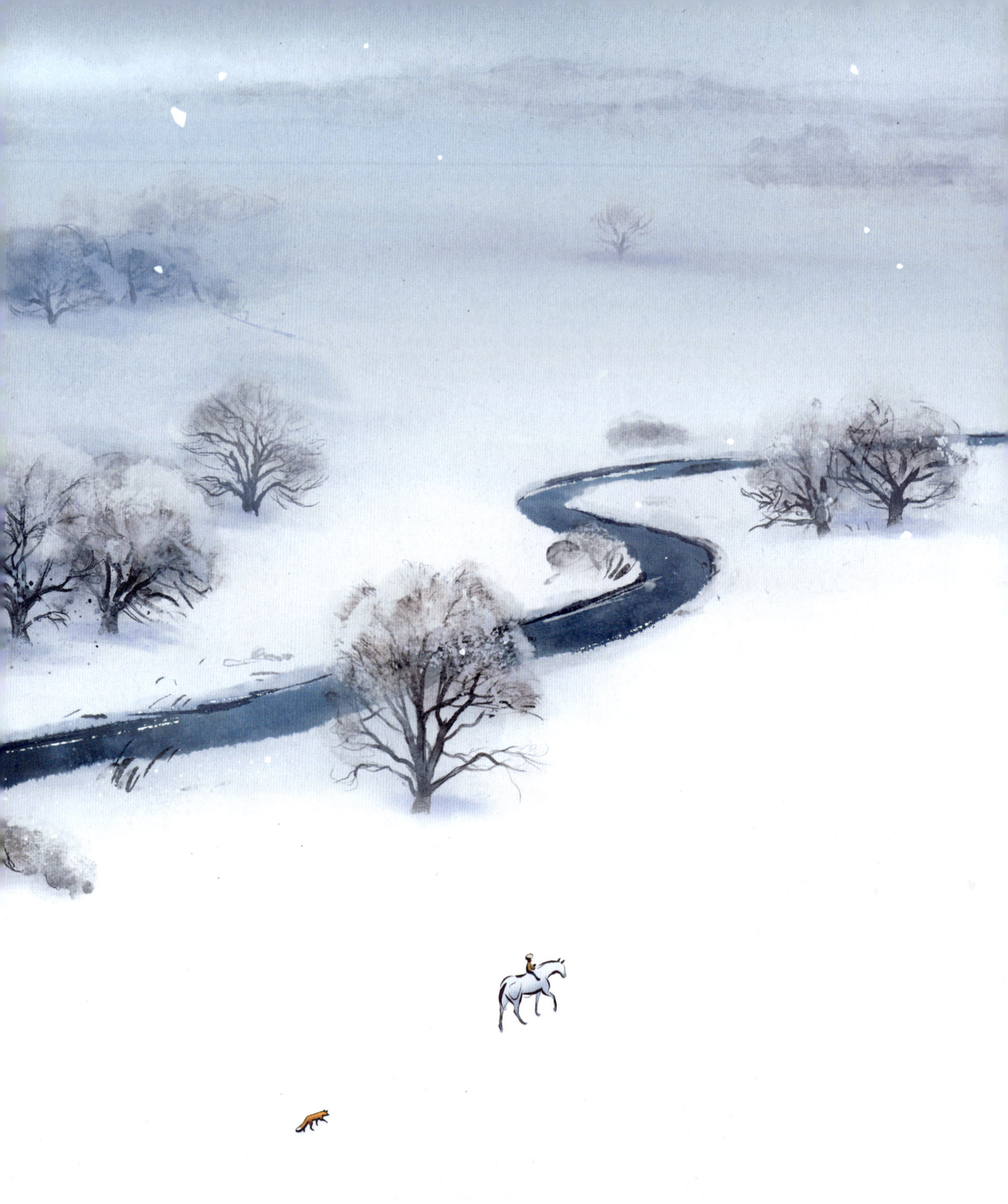

— A raposa nunca fala nada — sussurrou o menino.

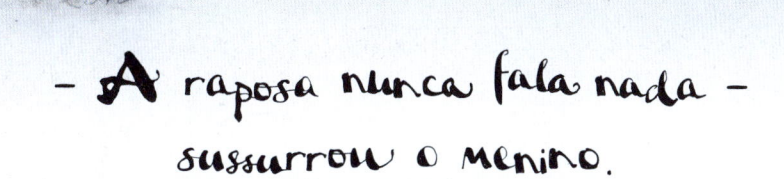

— Verdade. Mesmo assim é ótimo que ela esteja conosco — disse o cavalo.

— Para ser sincera, às vezes acho que não tenho nada de interessante para dizer — confessou a raposa.

— Ser sincero é sempre interessante — disse o cavalo.

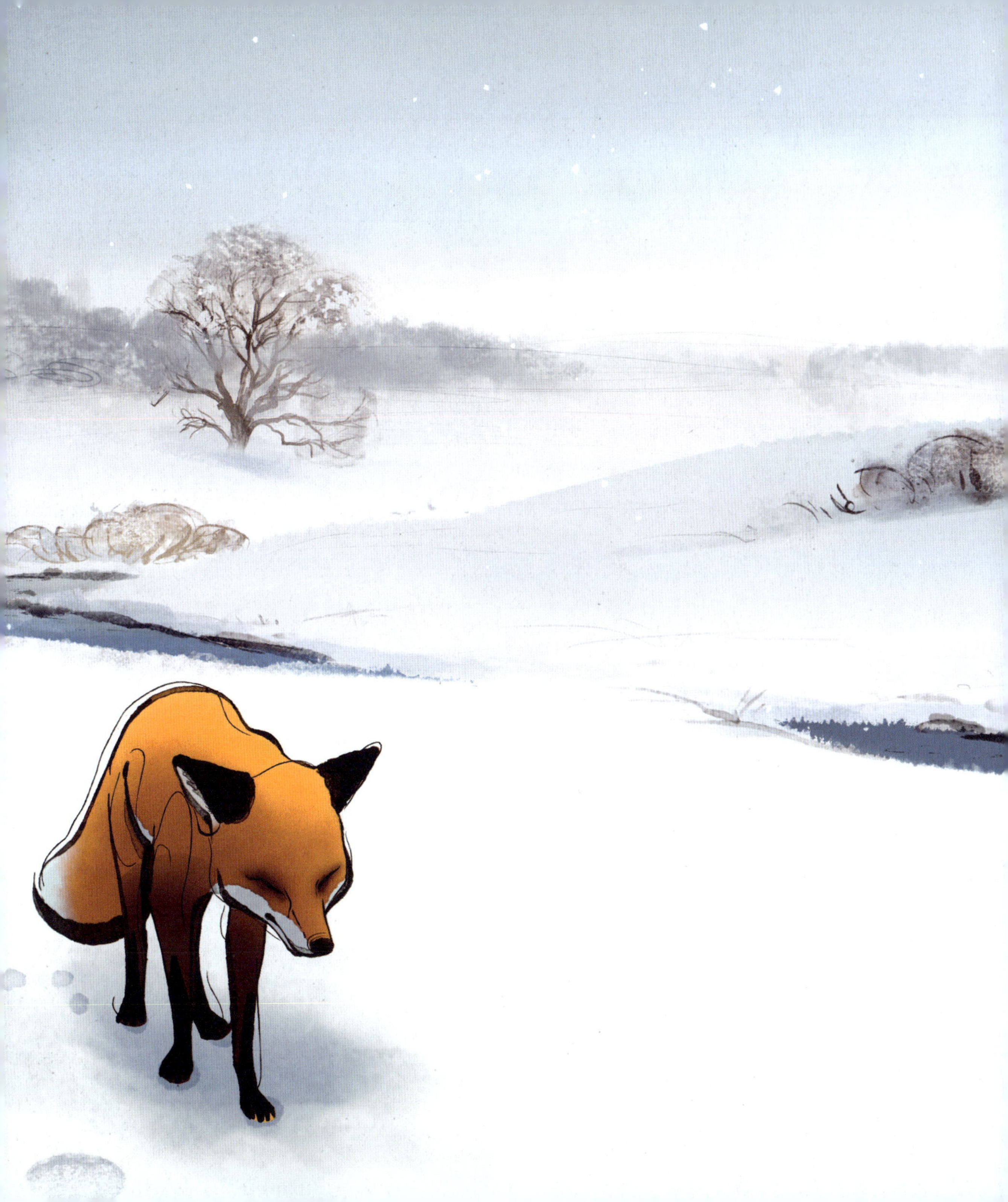

— Qual é a coisa mais corajosa que você já disse? — perguntou o menino.

– Socorro – respondeu o cavalo.

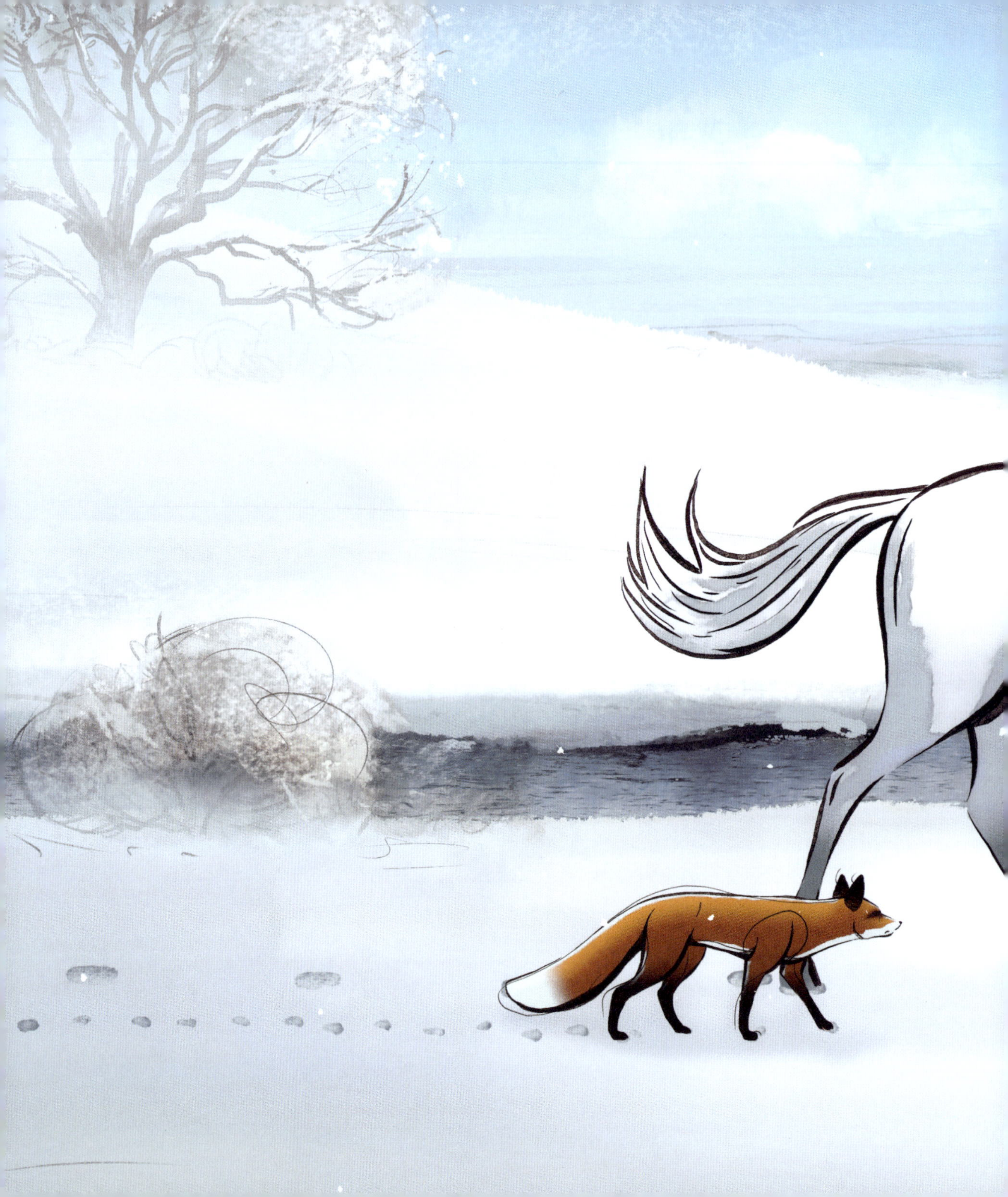

— Pedir ajuda não é a mesma coisa que desistir — afirmou o cavalo. — É se recusar a desistir.

– Às vezes tenho vontade de dizer que amo todos vocês – confessou a toupeira –, mas acho difícil.

– Acha? – indagou o menino.

– Acho. Então digo alguma coisa do tipo: "Estou feliz por estarmos juntos aqui."

– Tudo bem – falou o menino.

– Estou feliz por estarmos juntos aqui – disse a toupeira.

– Estamos muito felizes por você estar aqui também.

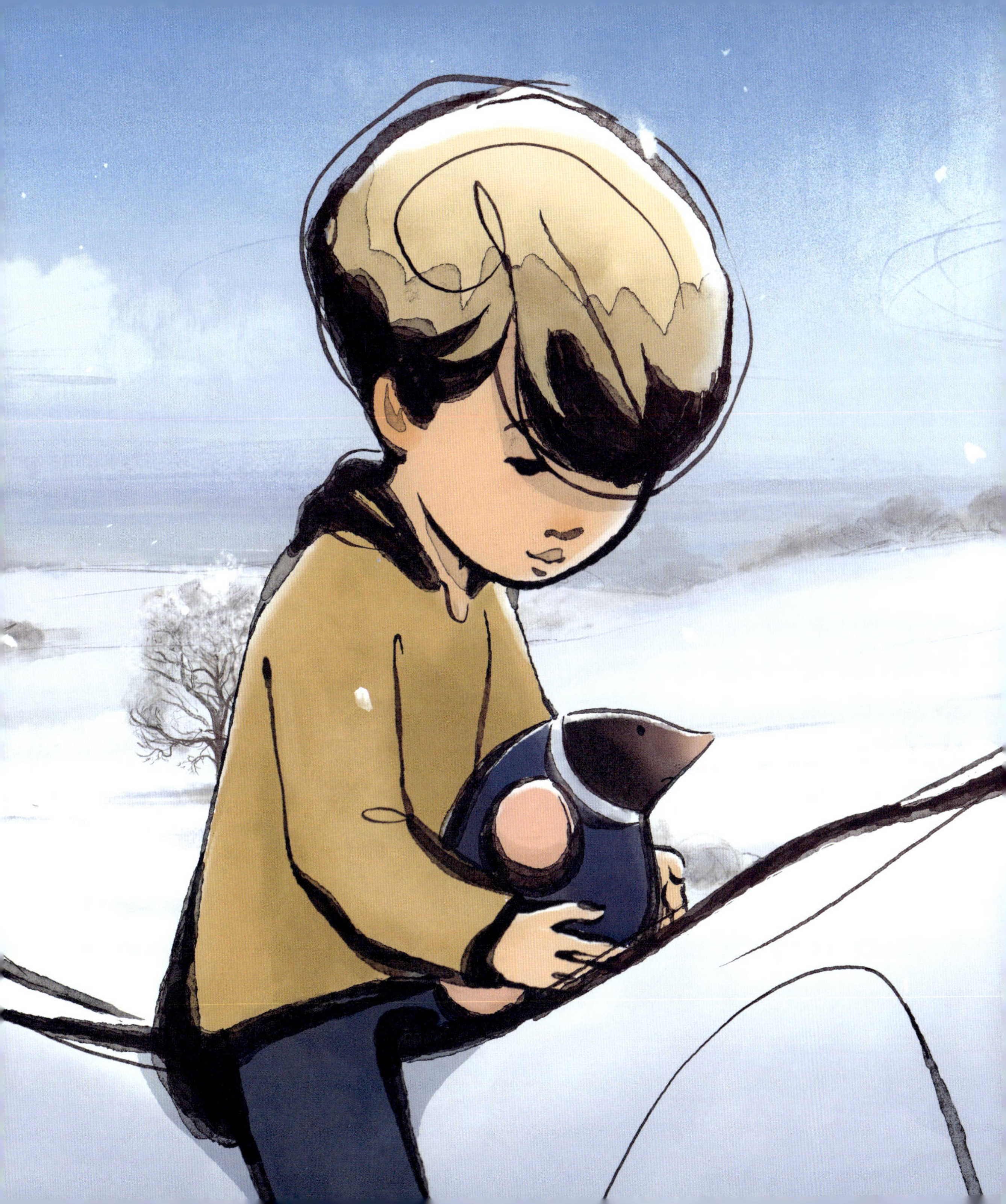

— O que devemos fazer? — perguntou o menino.

— Aquilo não parece bom.

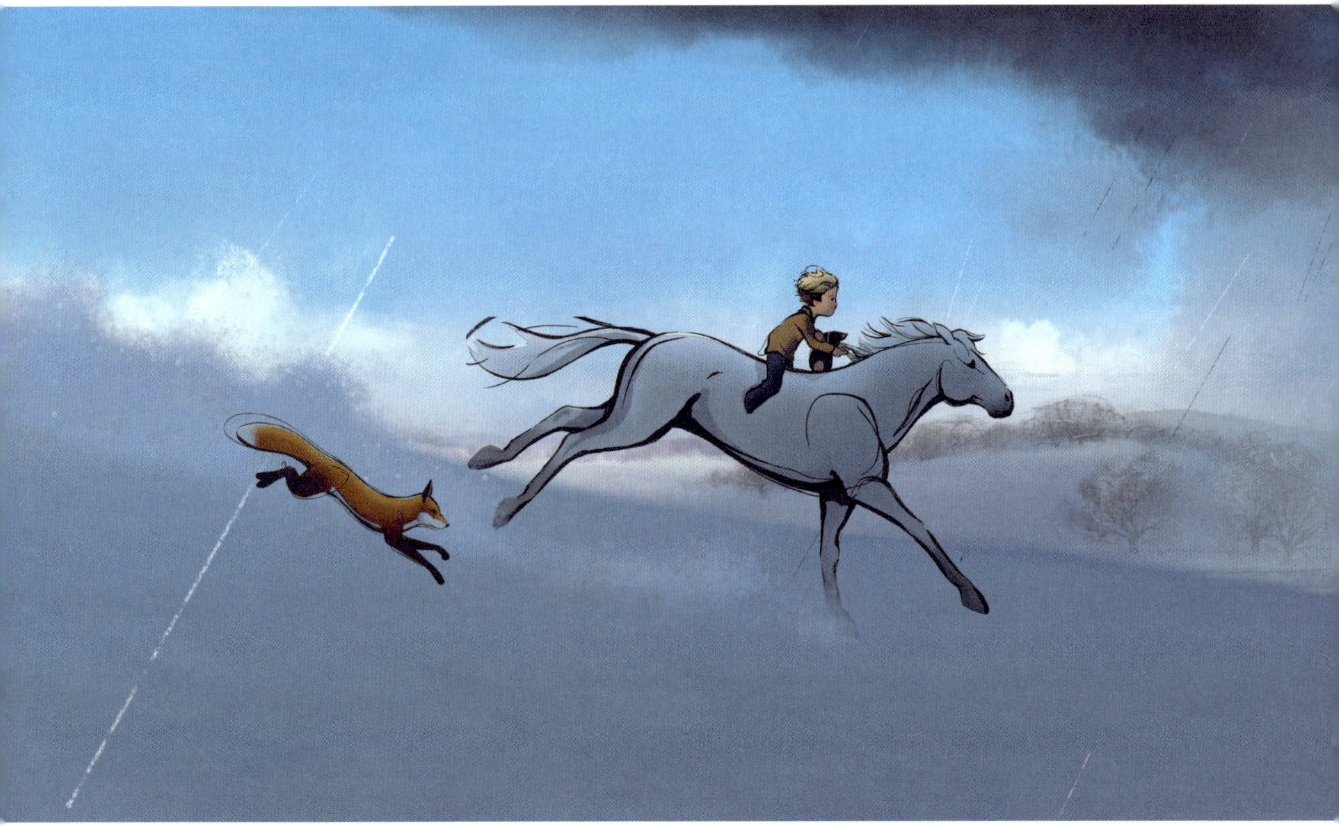

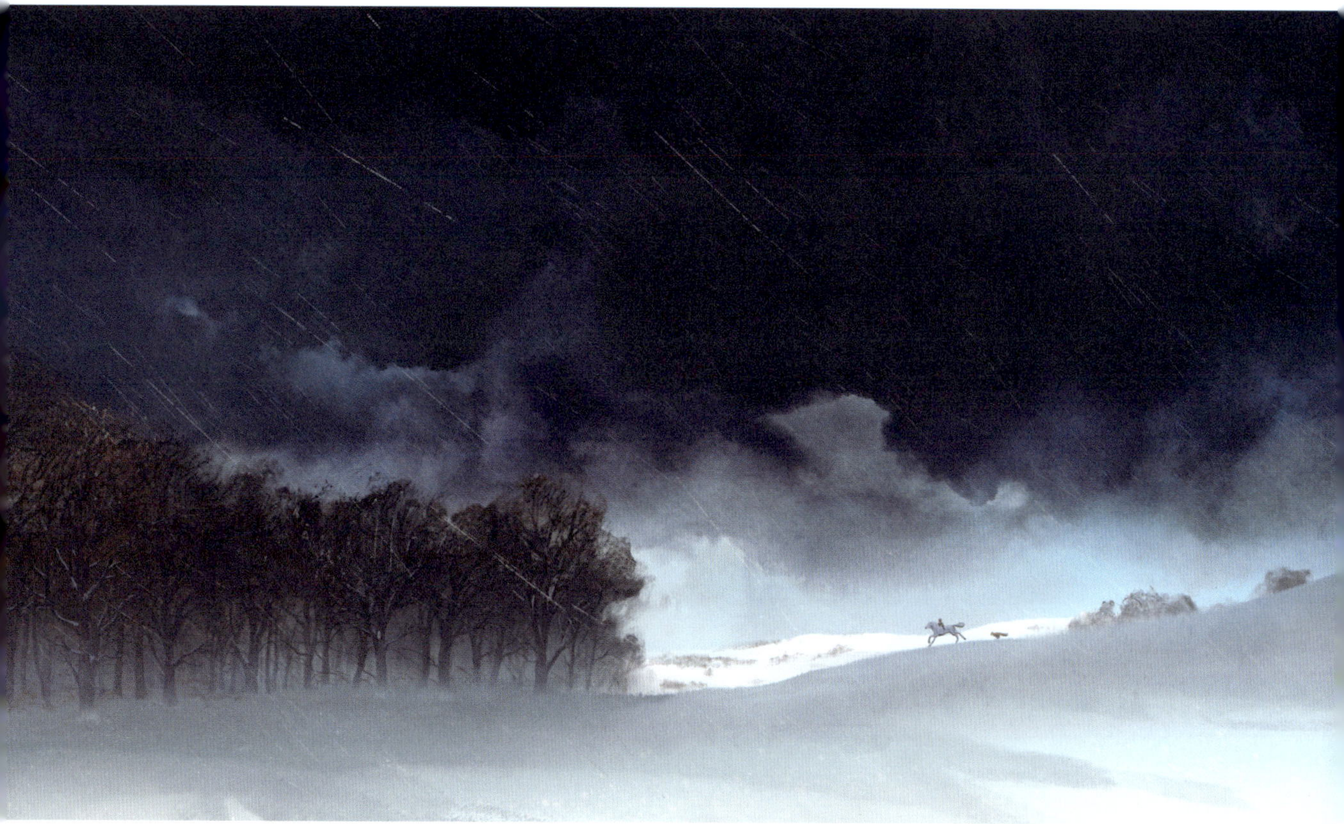

— Quando as coisas grandes parecerem estar fora de controle...

— ... concentre-se no que você ama e está bem debaixo do seu nariz — disse o cavalo.

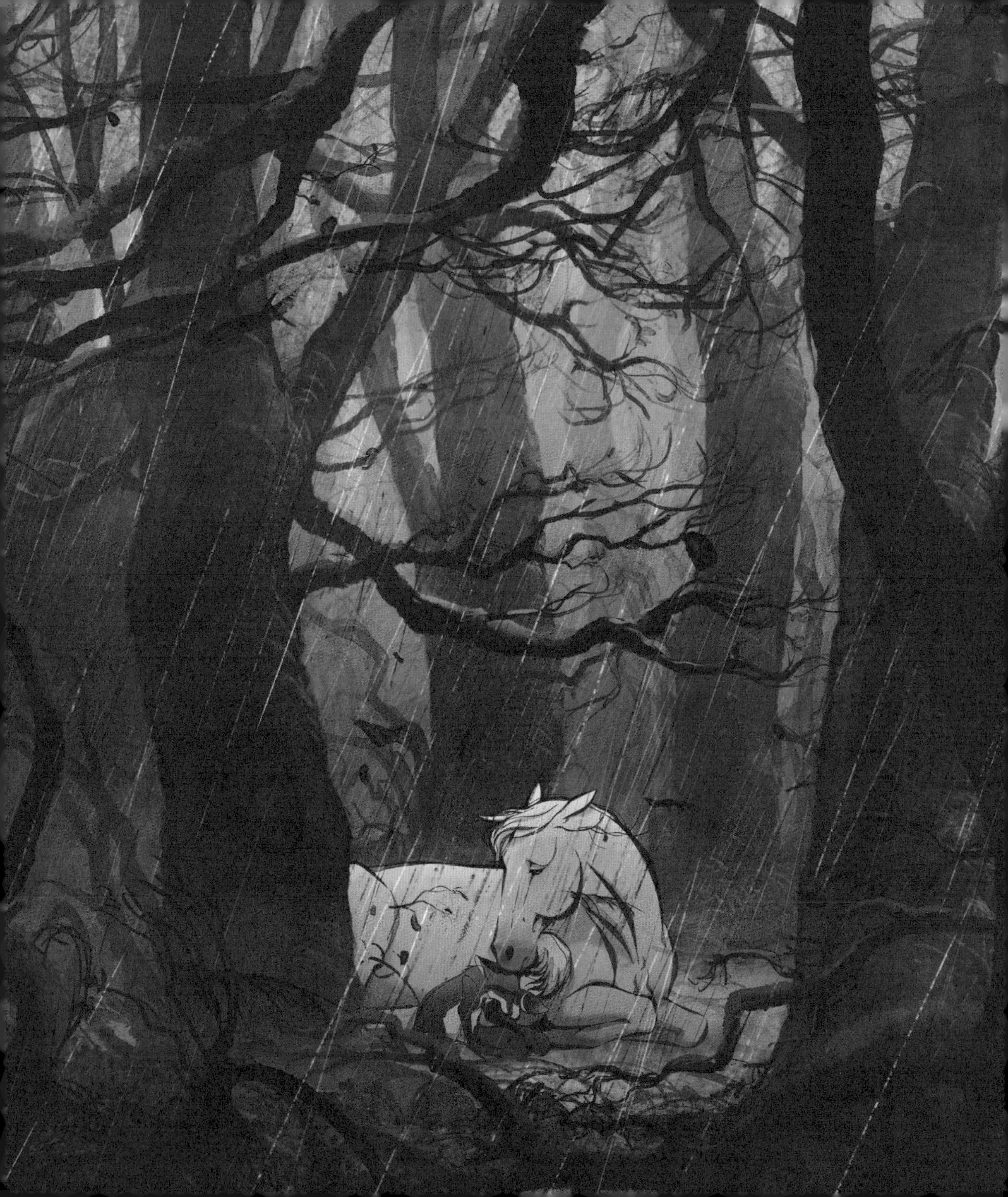

— A tempestade vai passar.

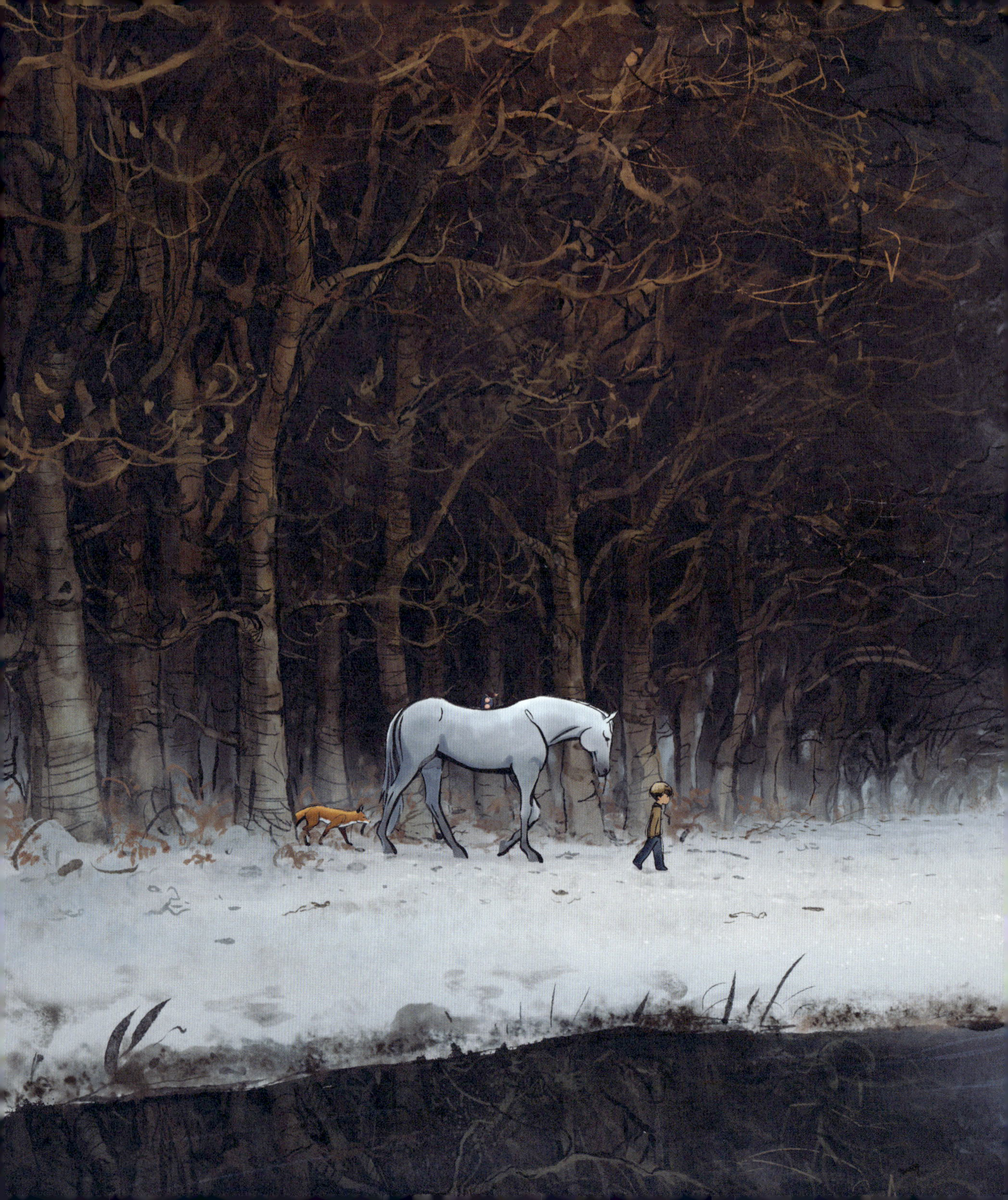

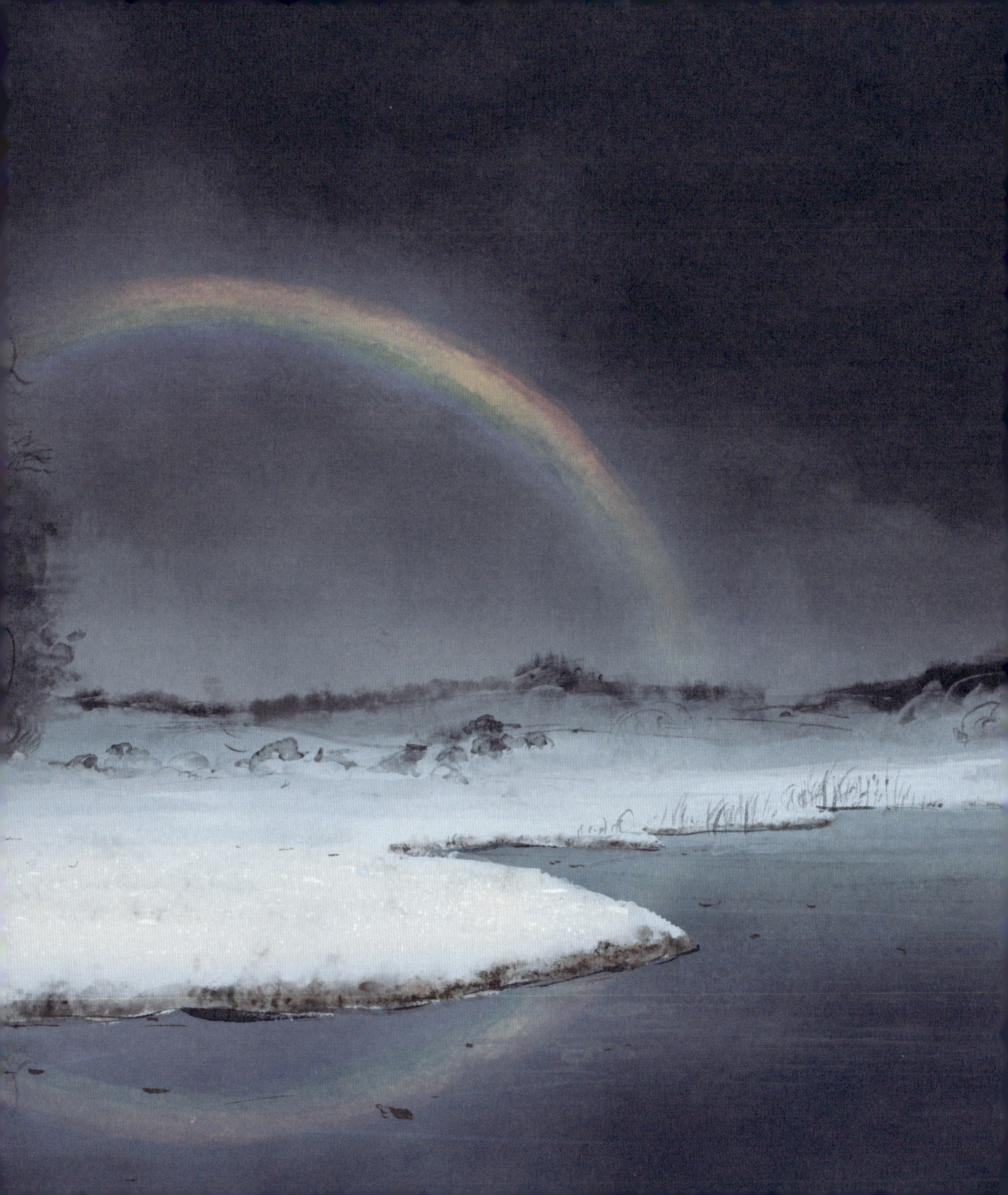

— Essa não, onde estão as luzes?
Não consigo mais vê-las.

— Temos um caminho
tão longo pela frente.

— Sim, mas veja como chegamos longe — disse o cavalo.

— Acho que não consigo fazer isso — disse o menino. — Nunca vou encontrar uma casa.

– Sabe – disse a raposa –, às vezes a cabeça nos engana. Ela pode dizer que você não é bom, que está perdido...

– Mas descobri o seguinte: você é amado, é importante e traz para este mundo coisas que ninguém mais é capaz de trazer. Por isso, aguente firme.

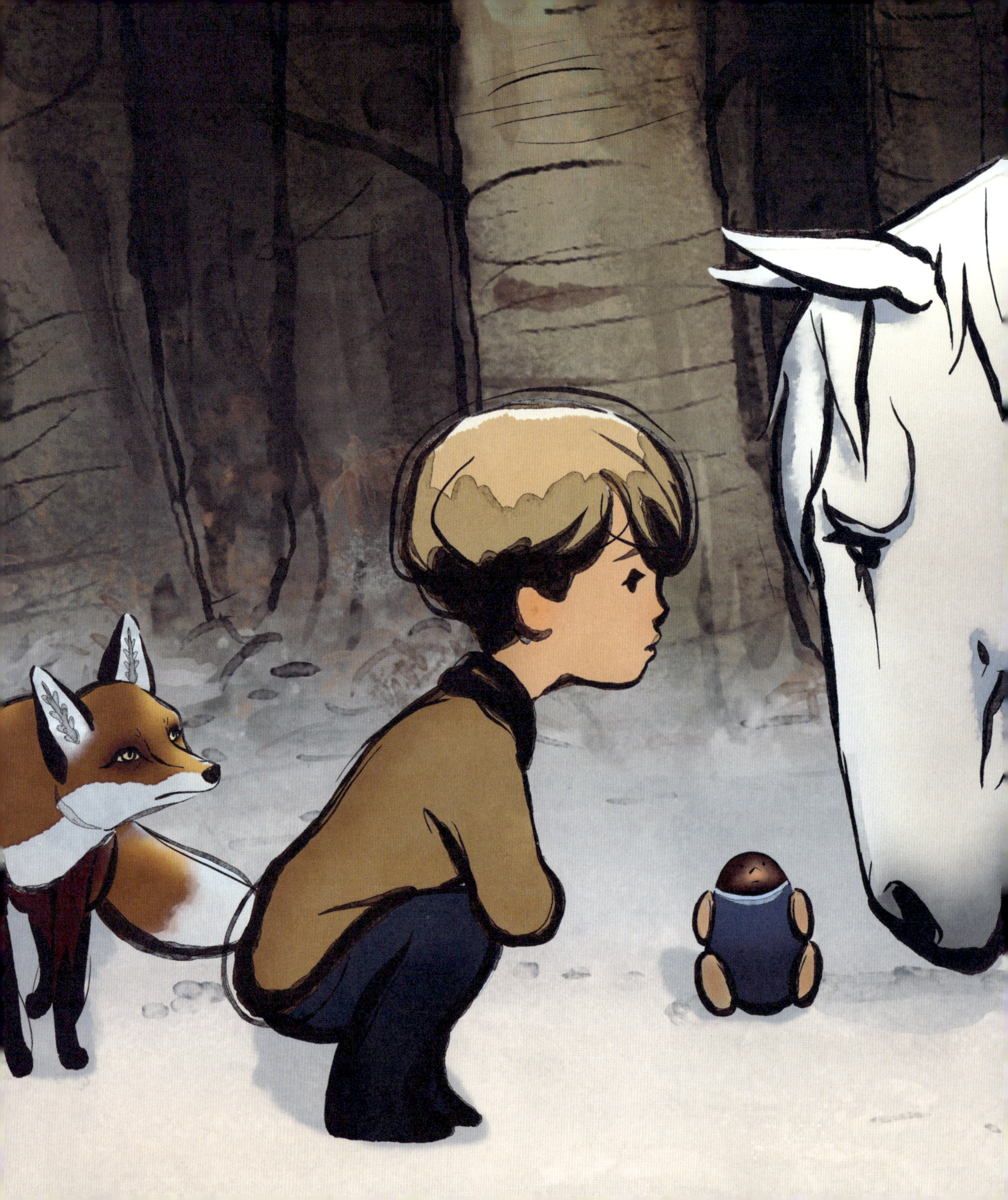

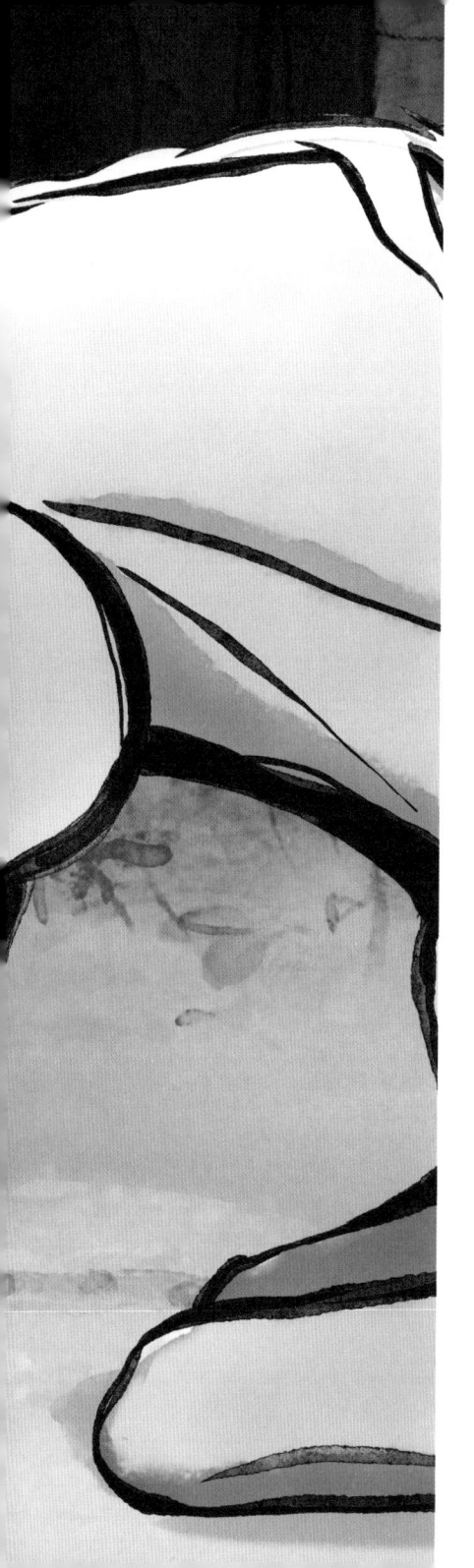

— Você está bem? — perguntou o menino.

— Tem uma coisa que nunca contei a vocês — revelou o cavalo.

— O que é?

— Posso voar.

— Você pode voar?

— Posso, mas parei porque os outros cavalos ficavam com inveja.

— Sabe de uma coisa? Voando ou não, nós o amamos.

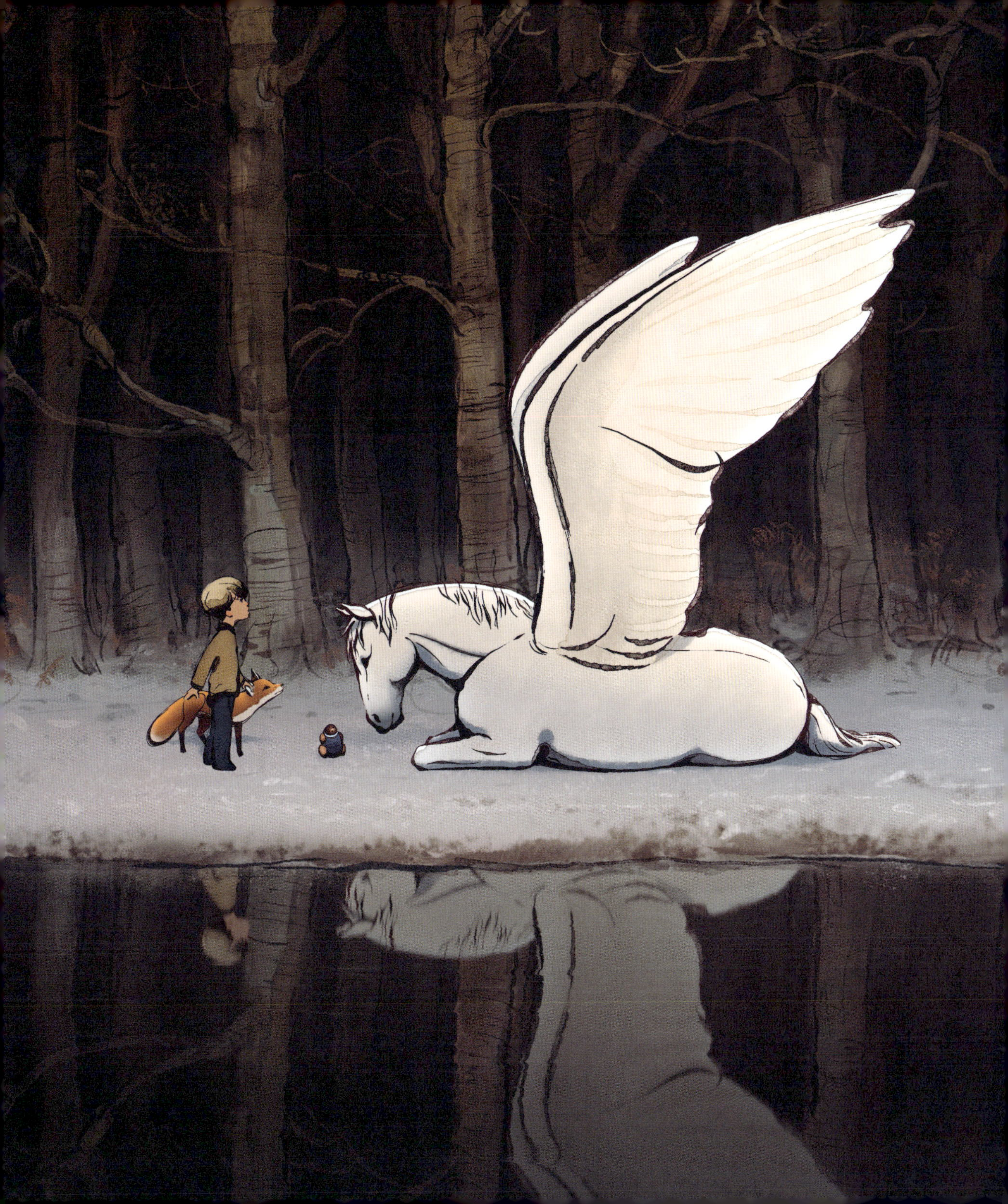

– Venha conosco – chamou o menino.

– Ah, acho que vou ficar por aqui – disse a raposa. – Obrigada.

– Por favor?

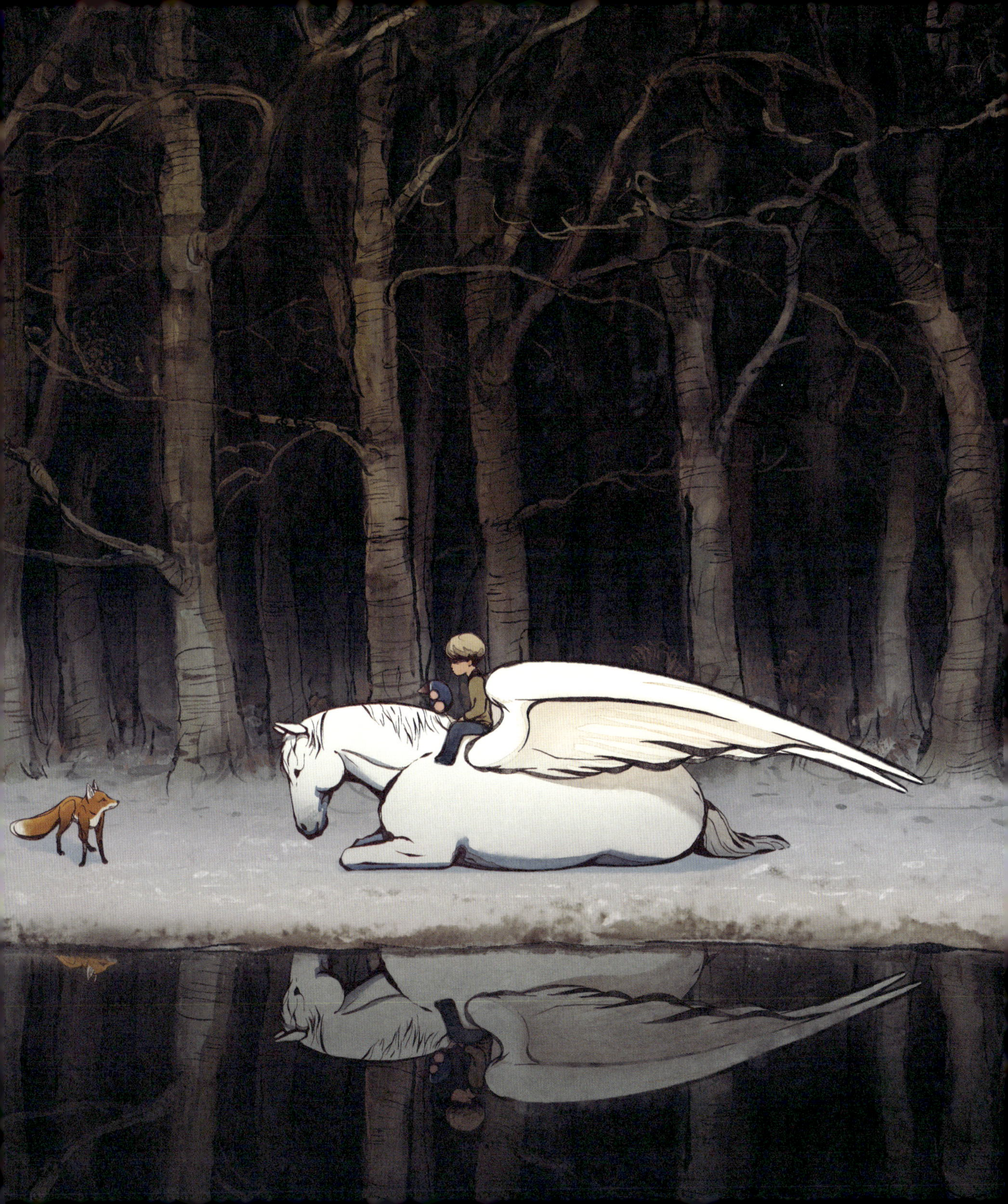

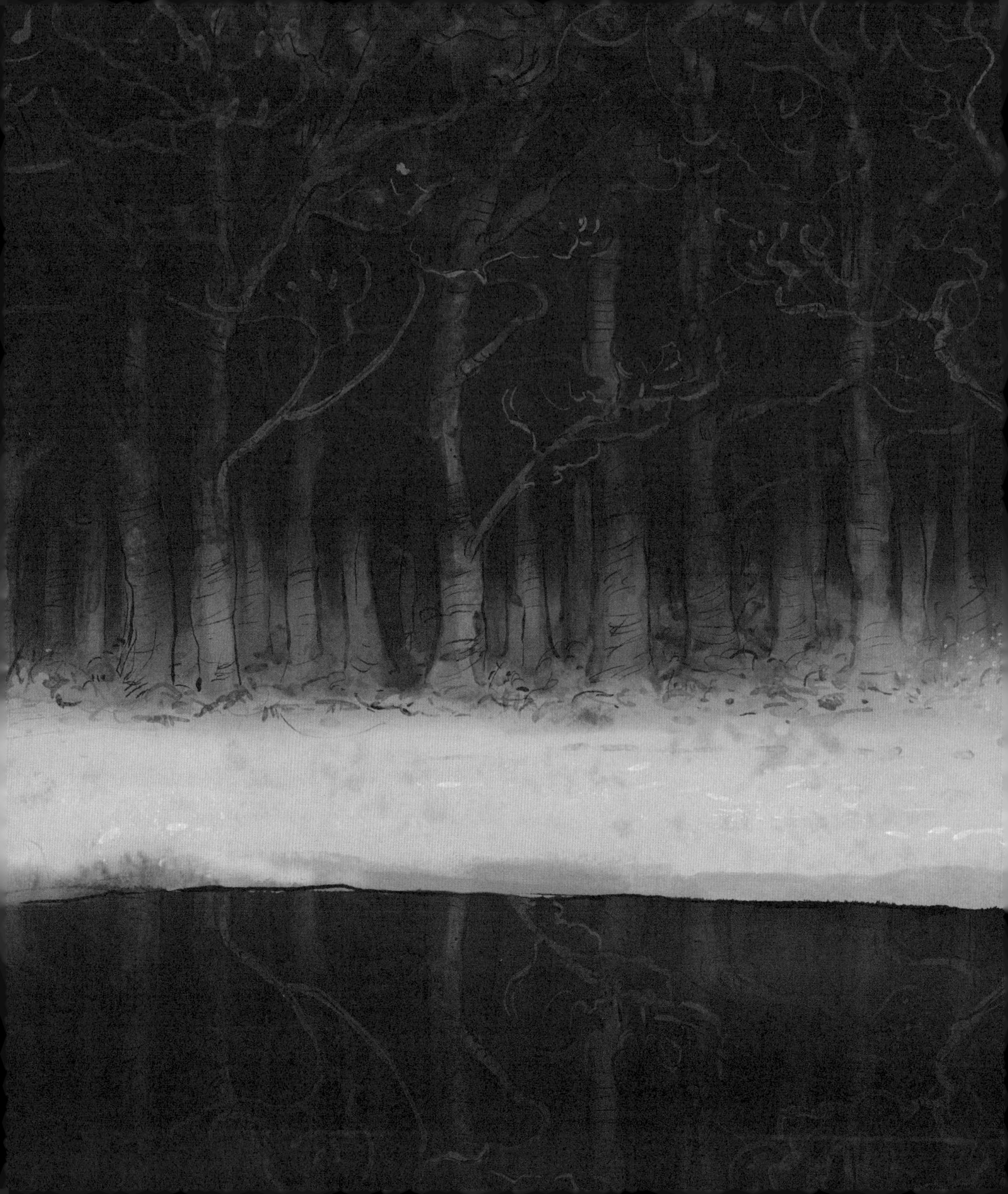

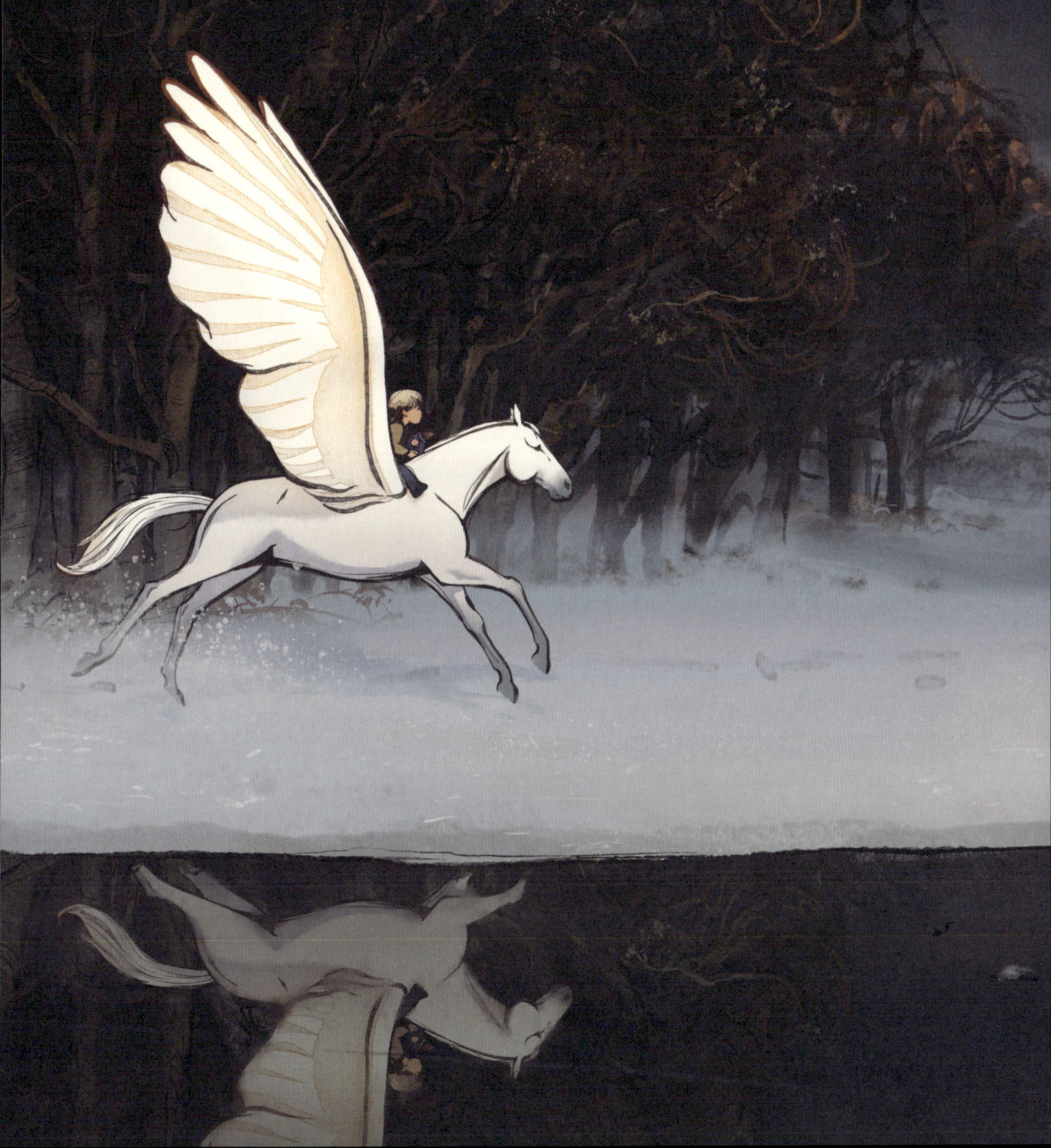

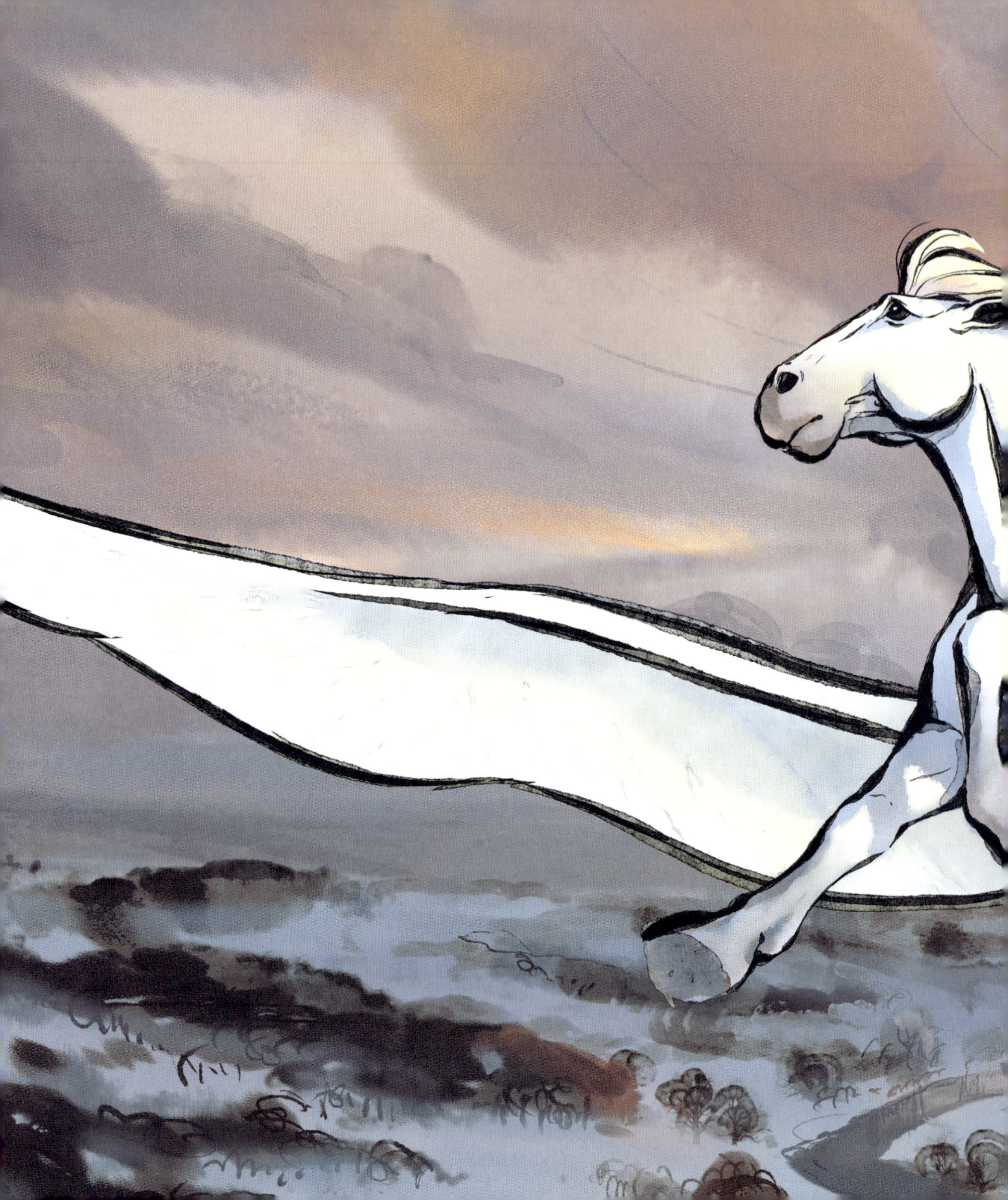

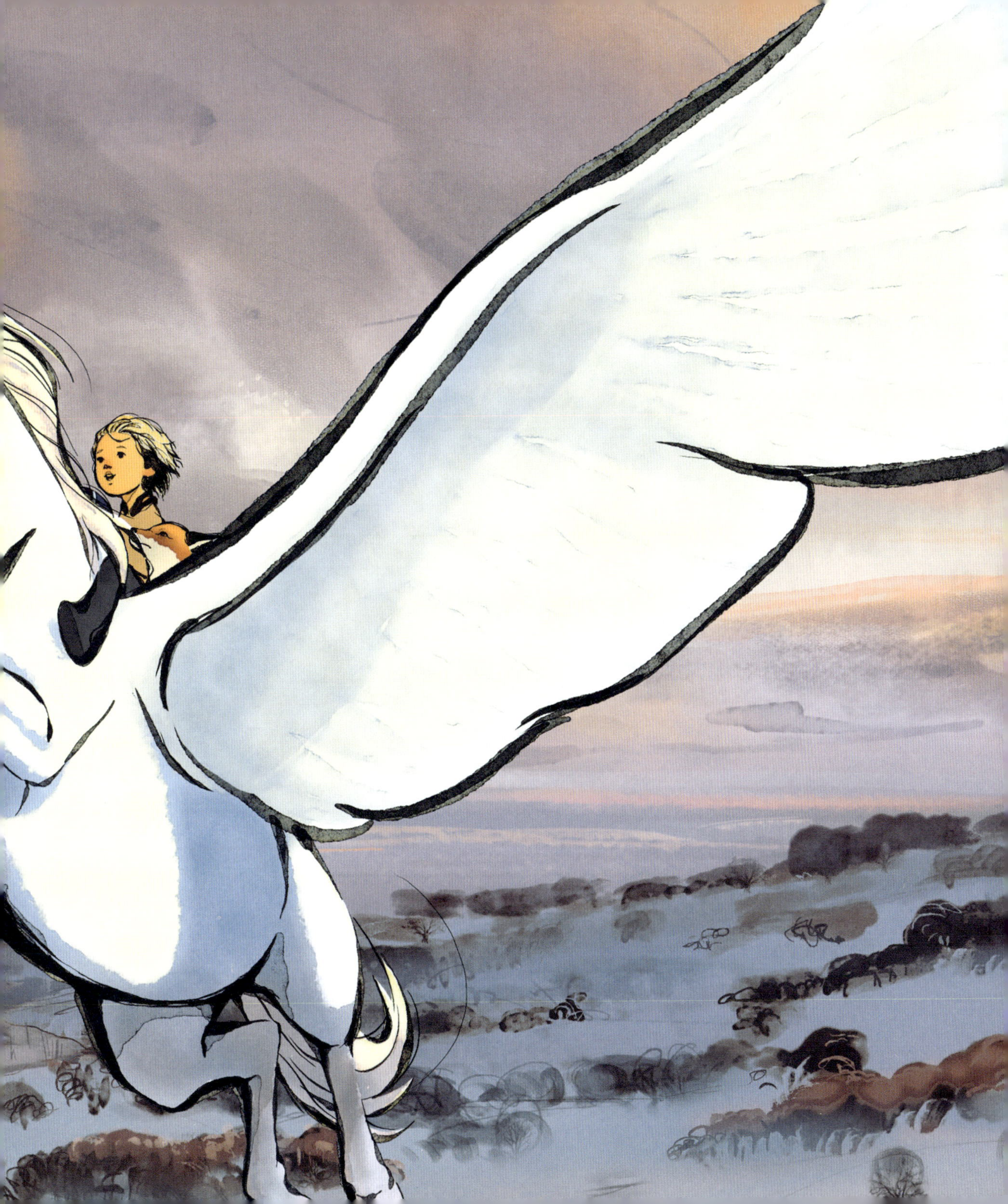

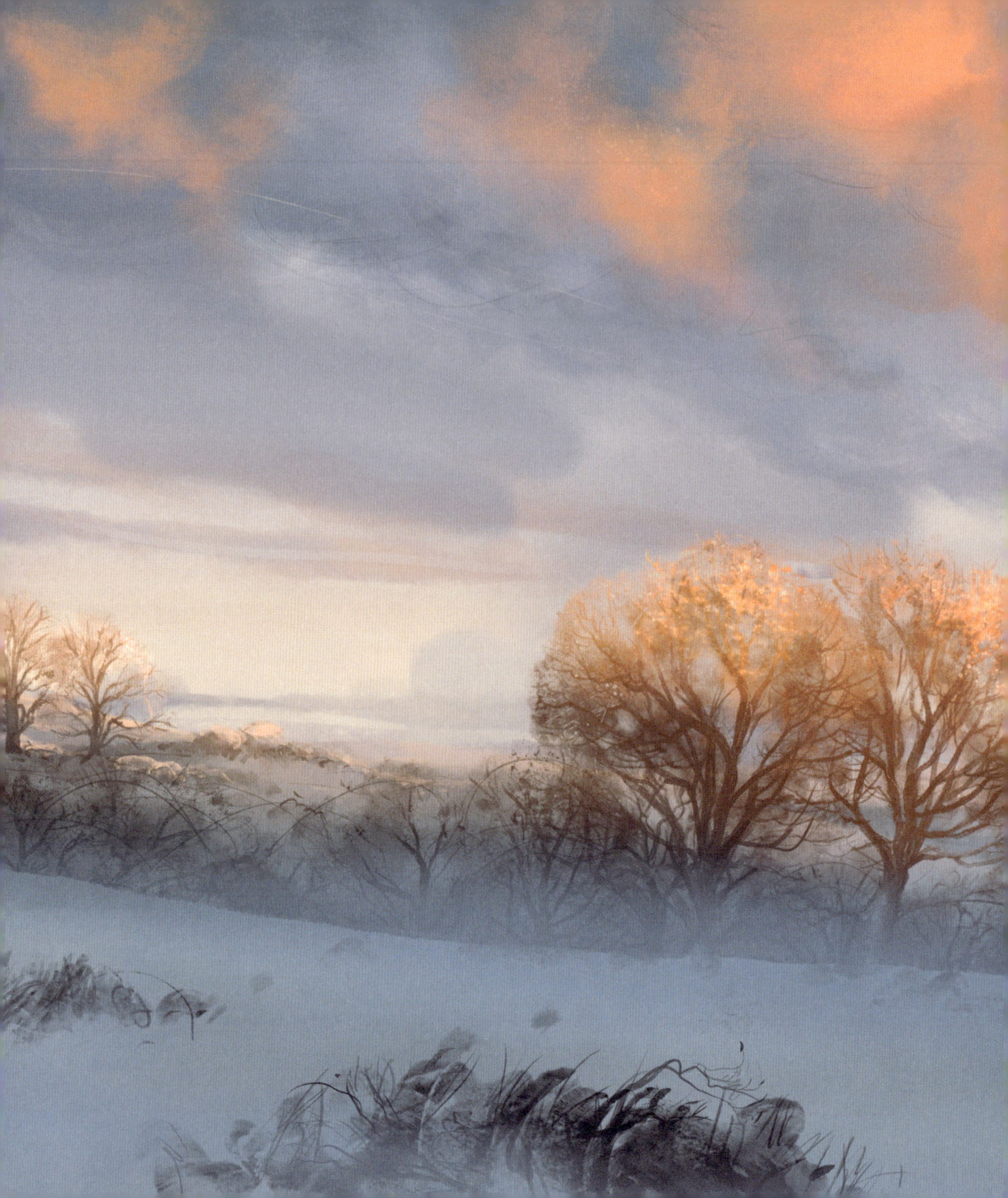

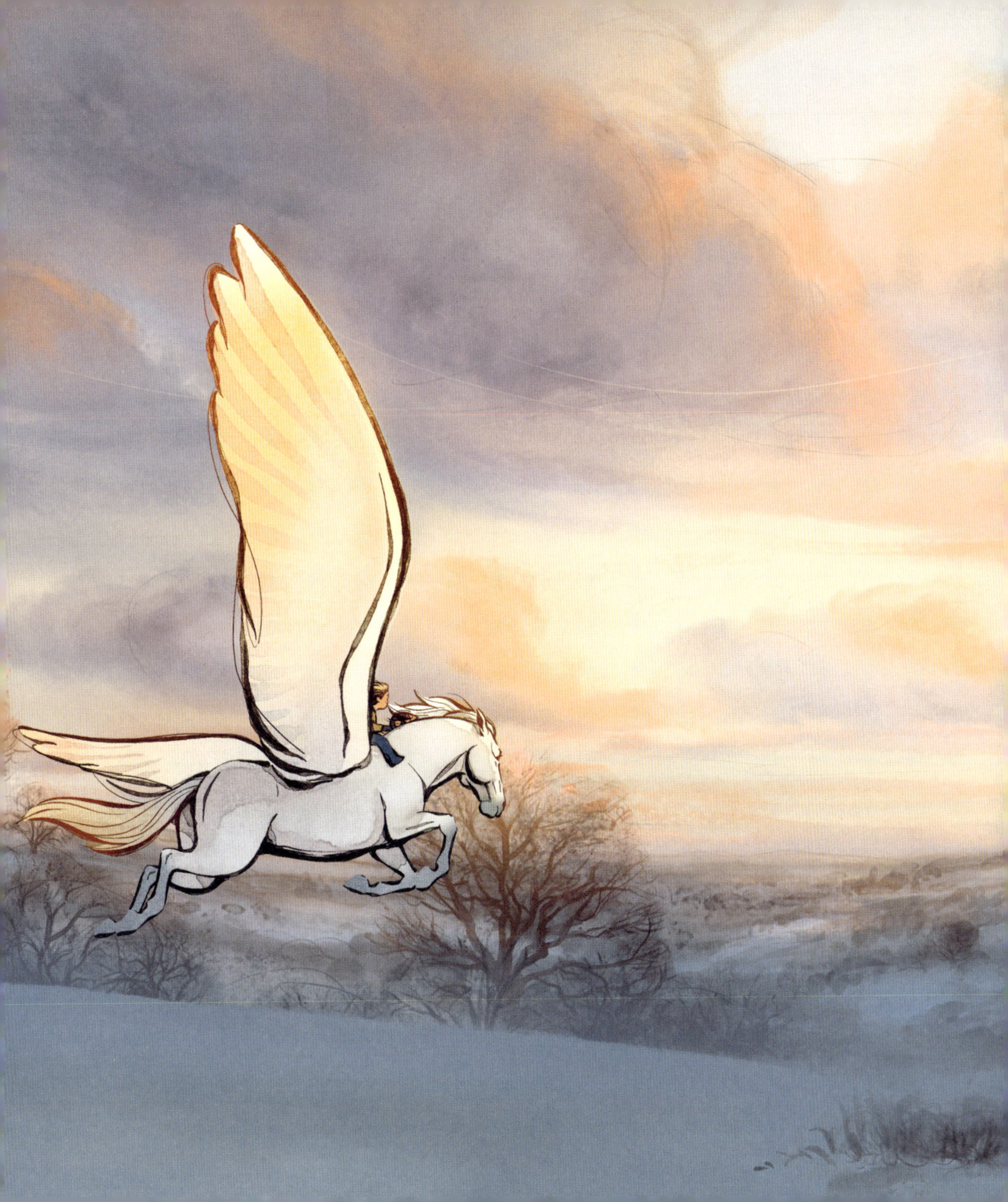

— Olhem. Lá está! —
disse o cavalo.

— Você encontrou! —
exclamou o menino.

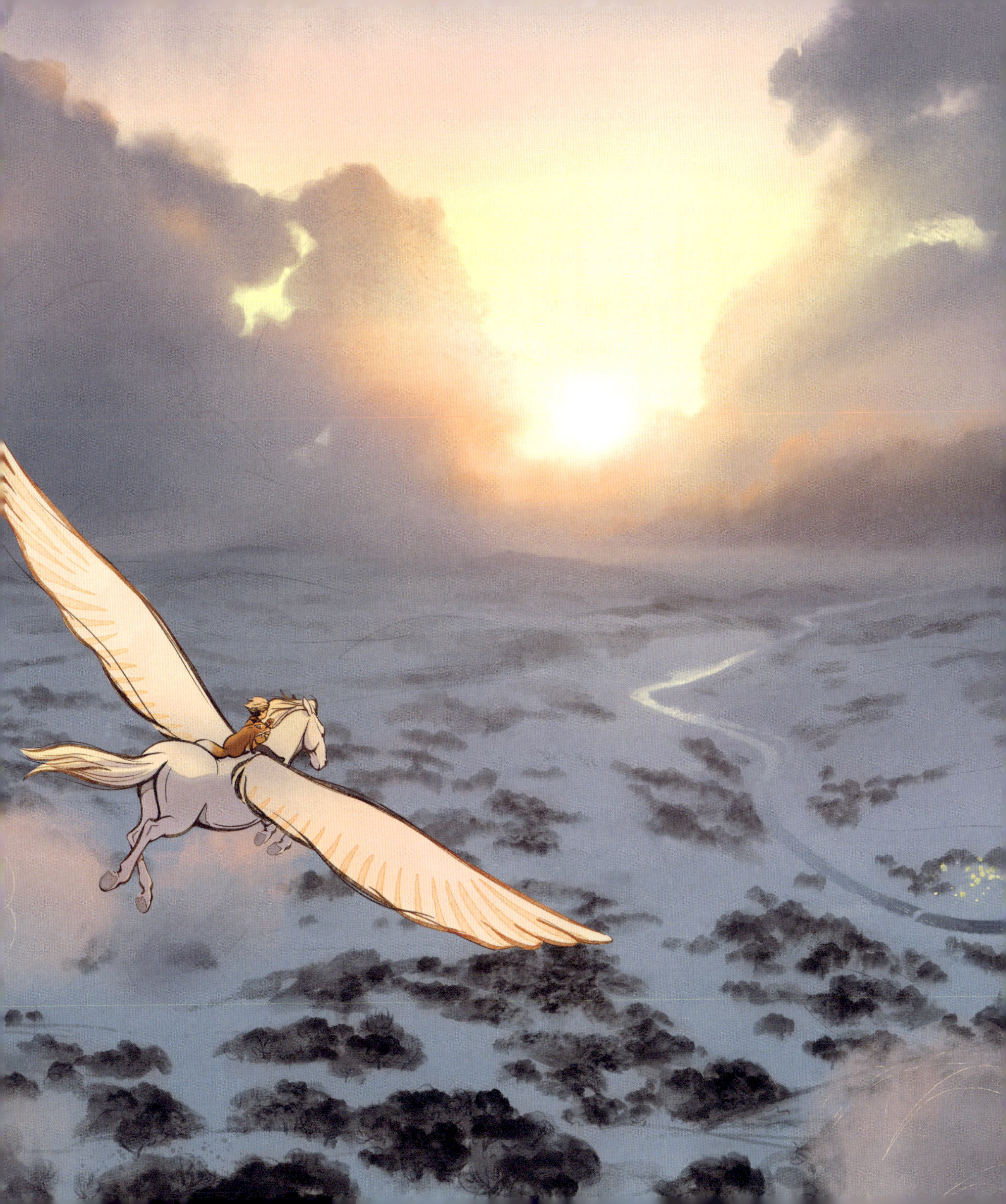

– Parece uma casa, não é? – comentou o menino.

– Muito bem, aqui estamos – disse a toupeira.

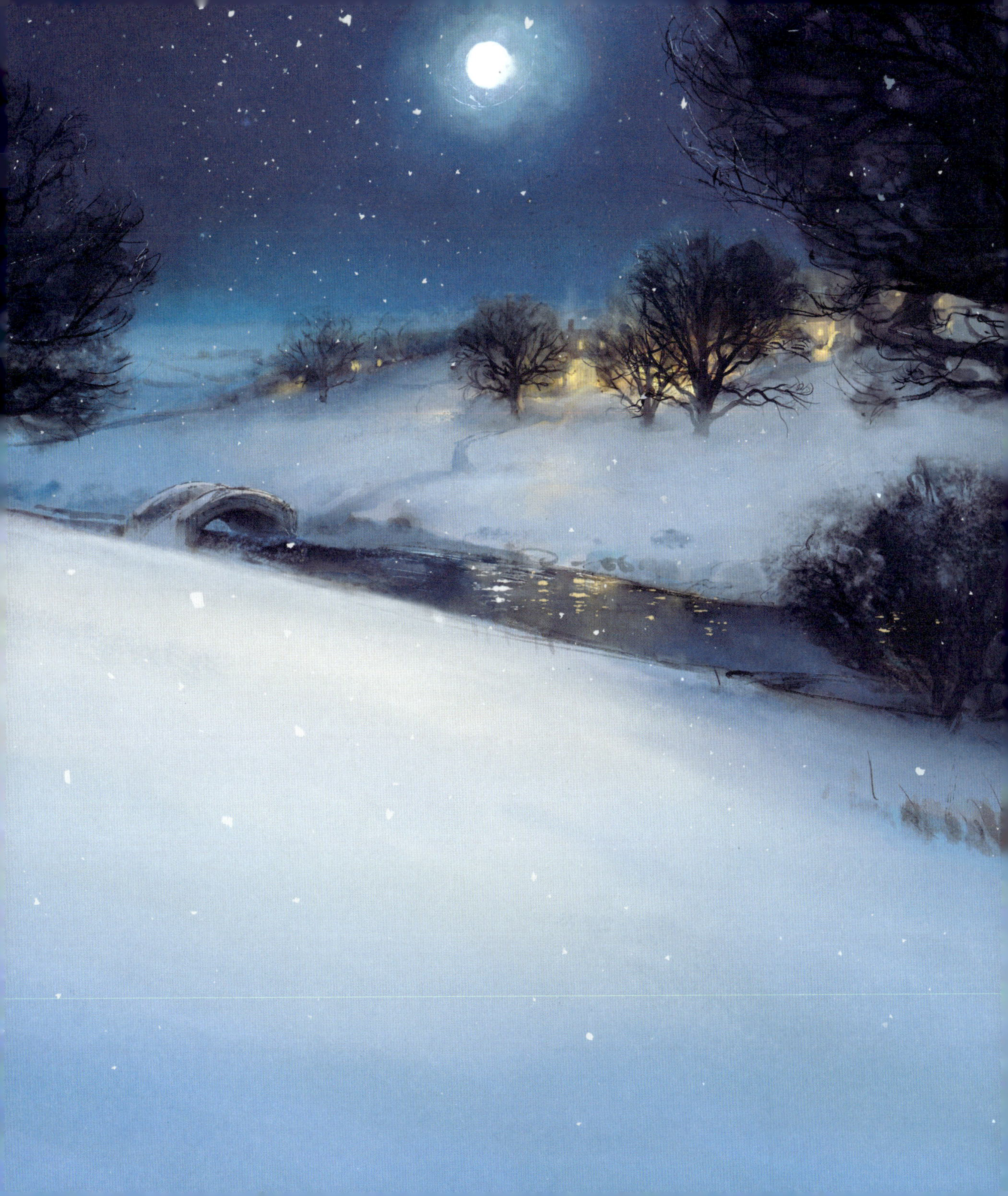

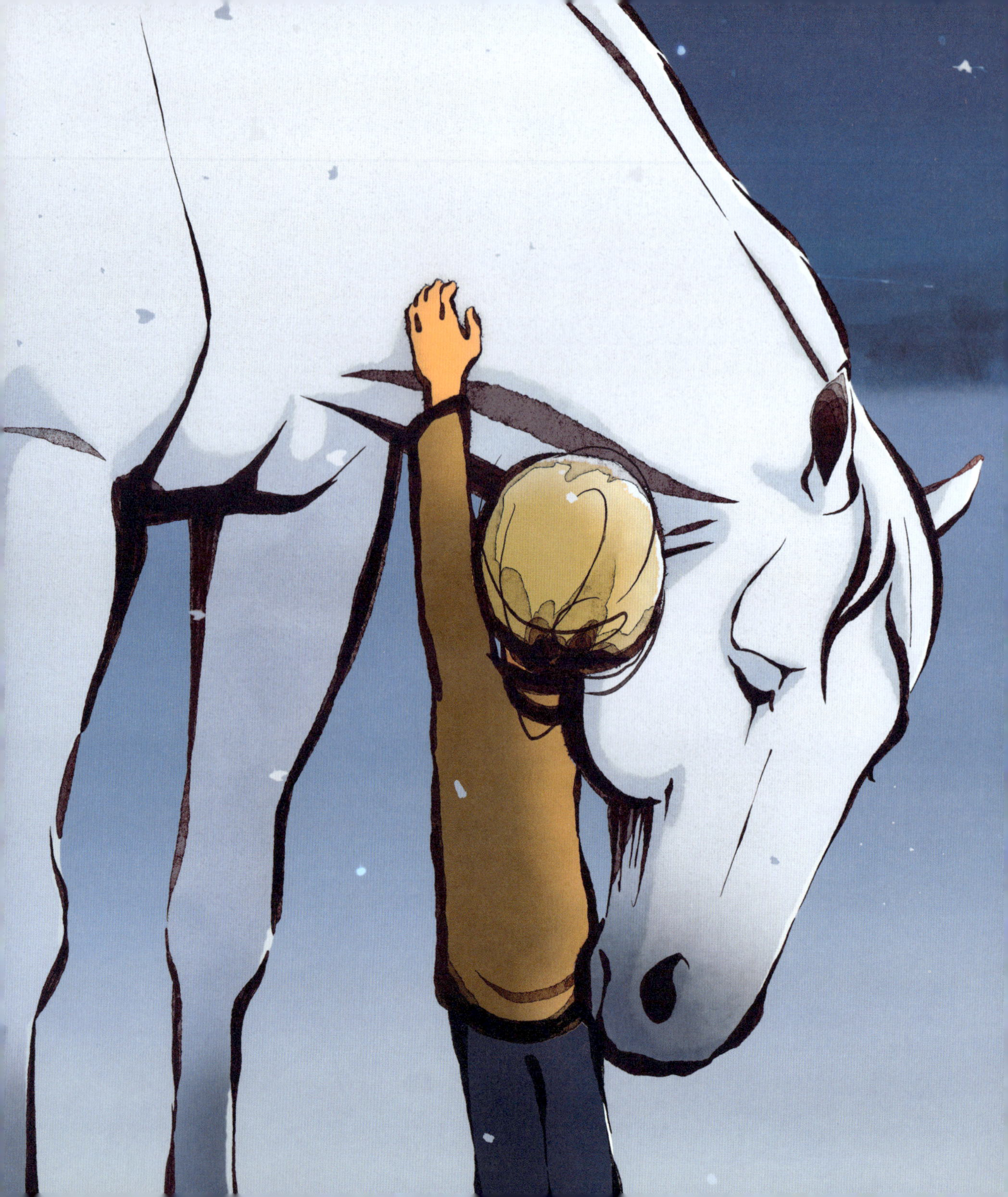

– Obrigado – agradeceu o menino.

– Adeus.

Lembre-se sempre de que você é suficientemente bom do jeito que é – disse a raposa.

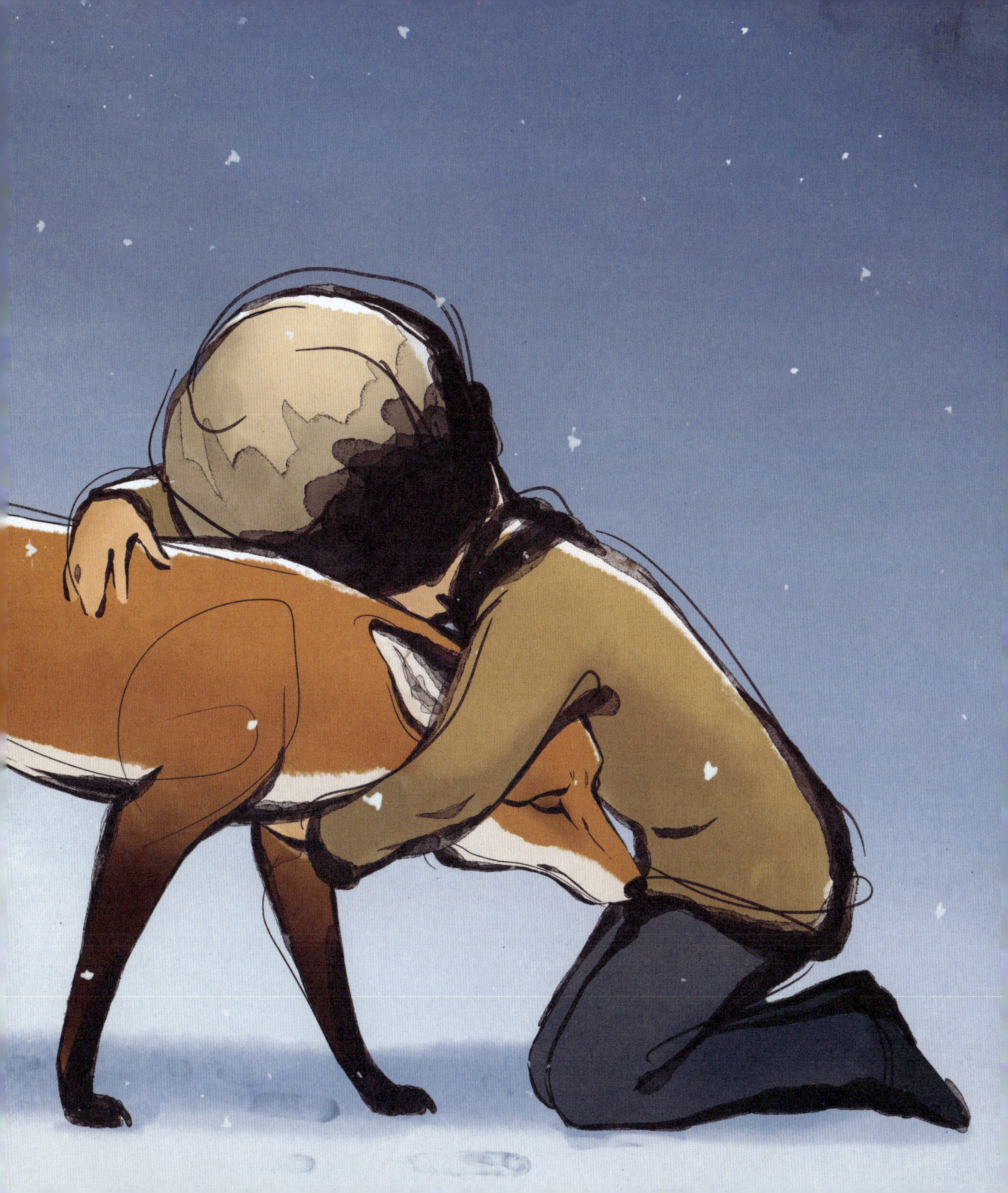

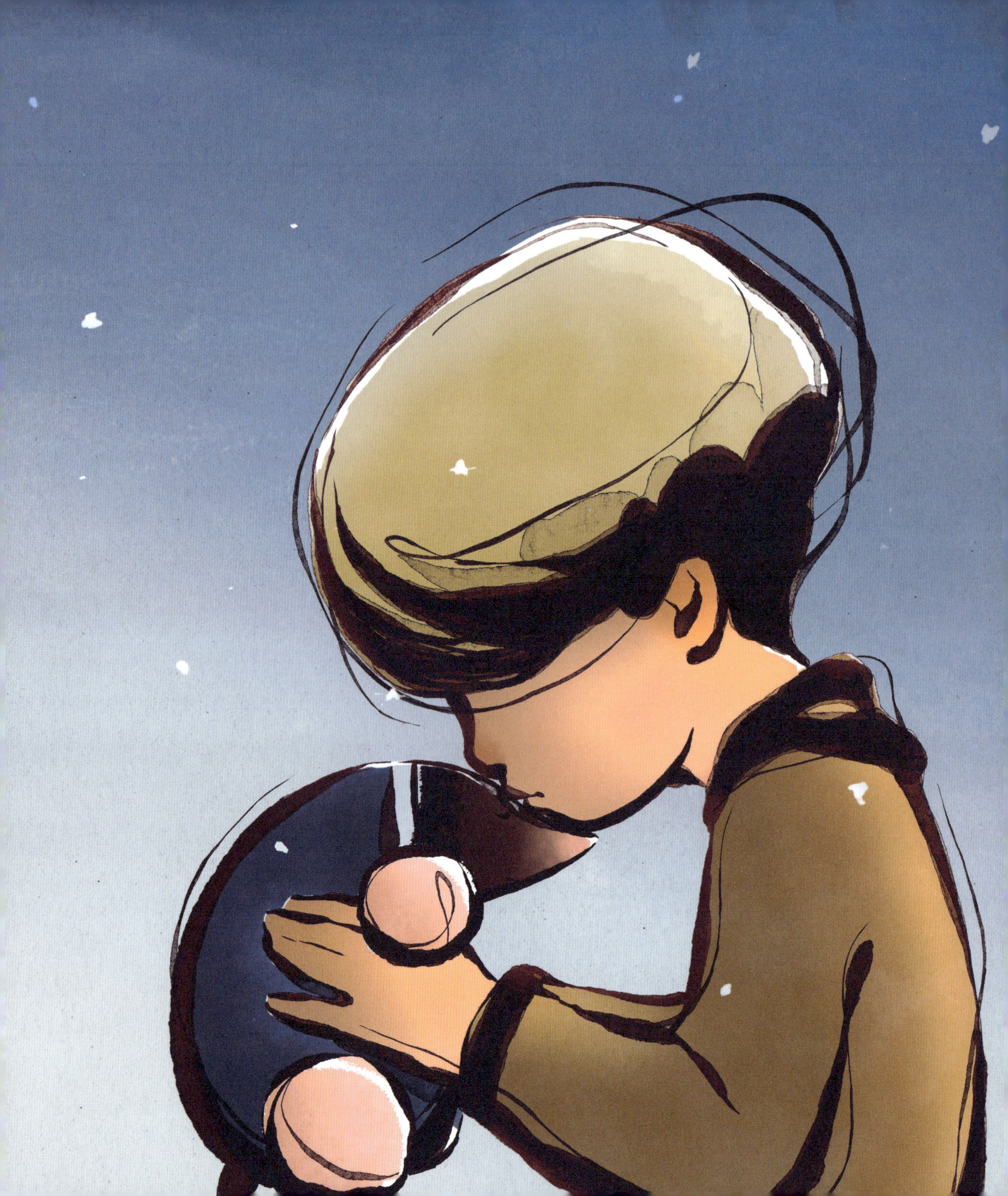

— Estou feliz por estarmos juntos aqui — disse a toupeira.

— Estou muito feliz por você estar aqui também. Adeus — disse o menino. — Vou sentir muita saudade de vocês.

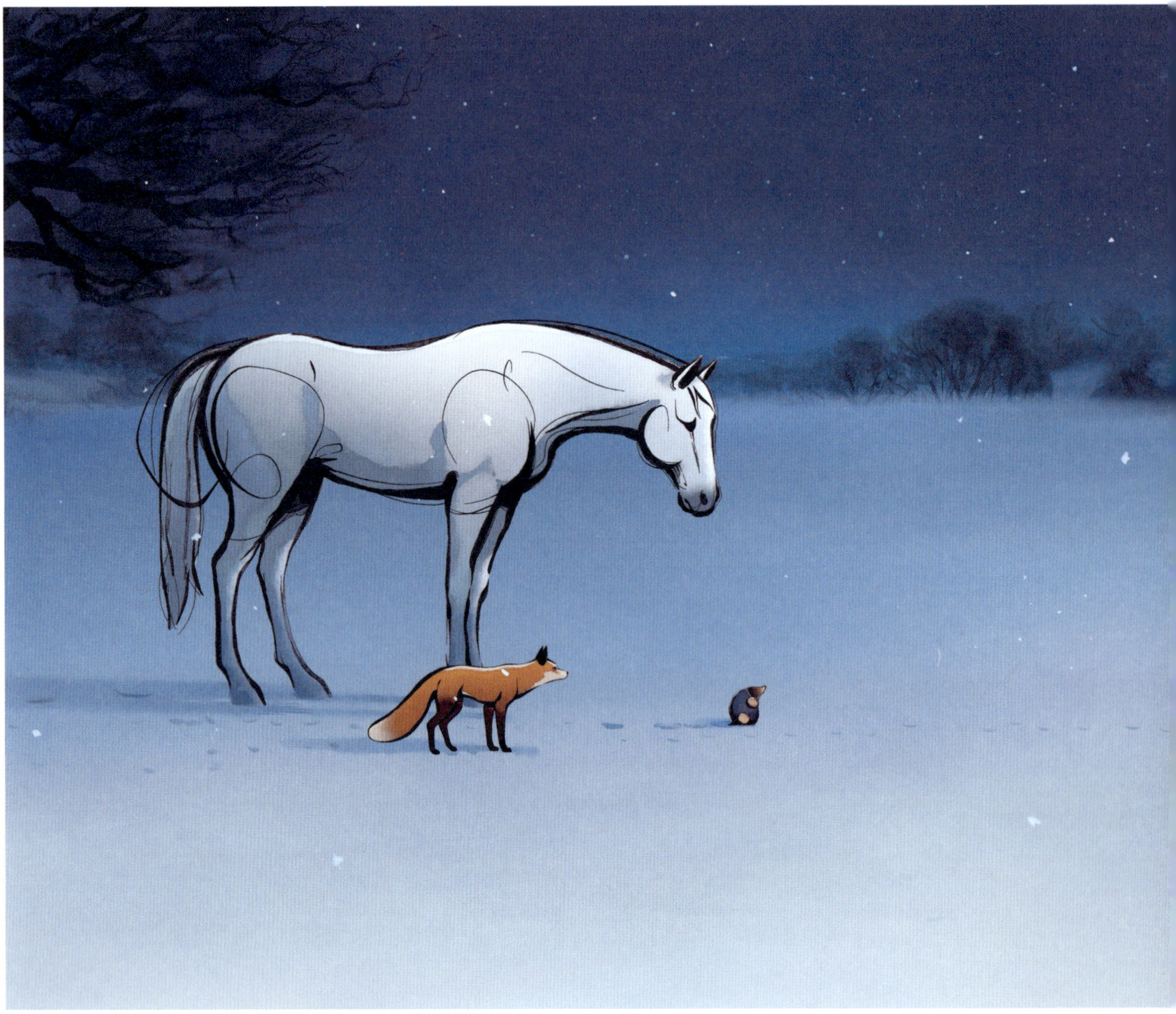

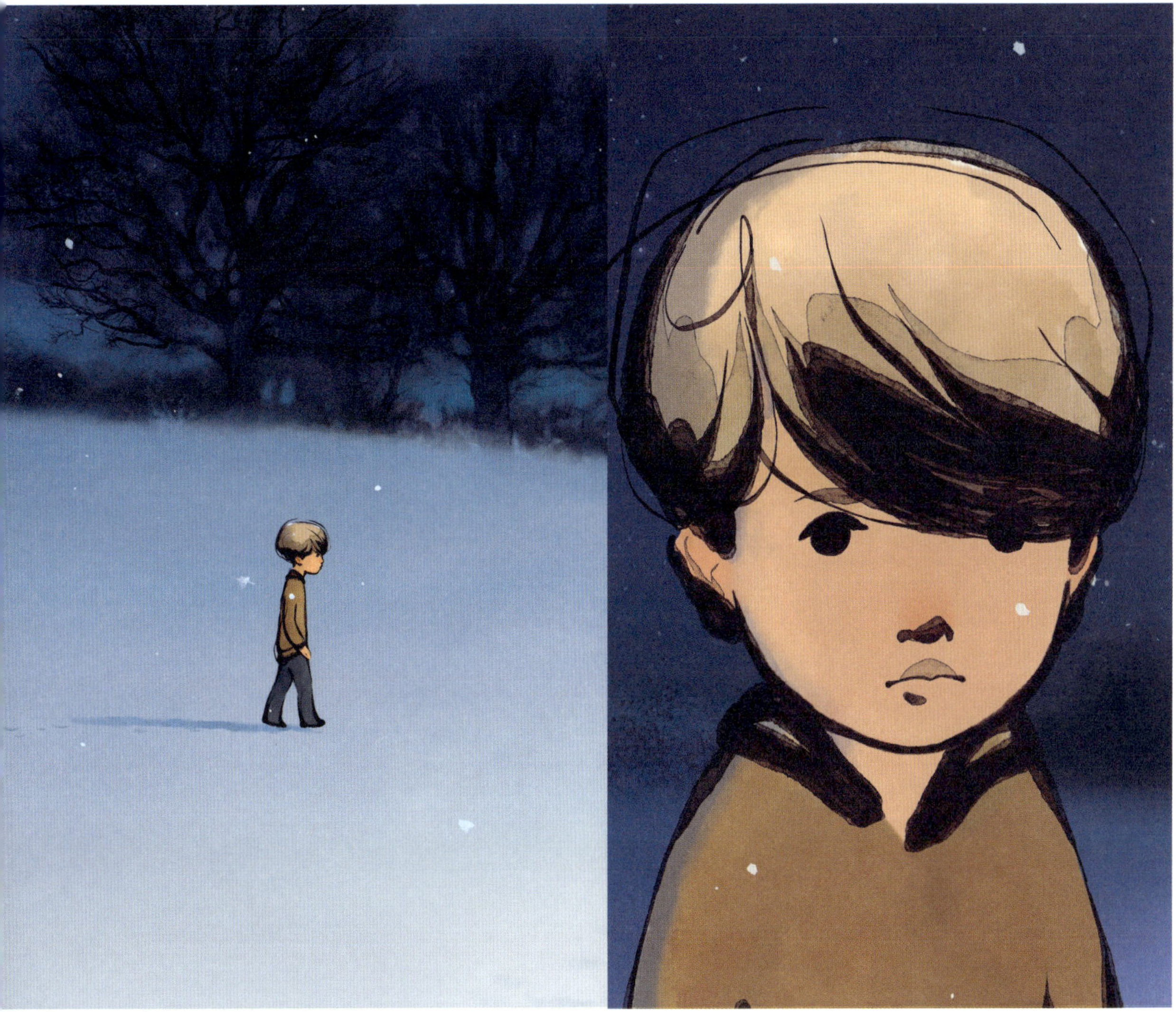

— A casa nem sempre é um lugar, não é?

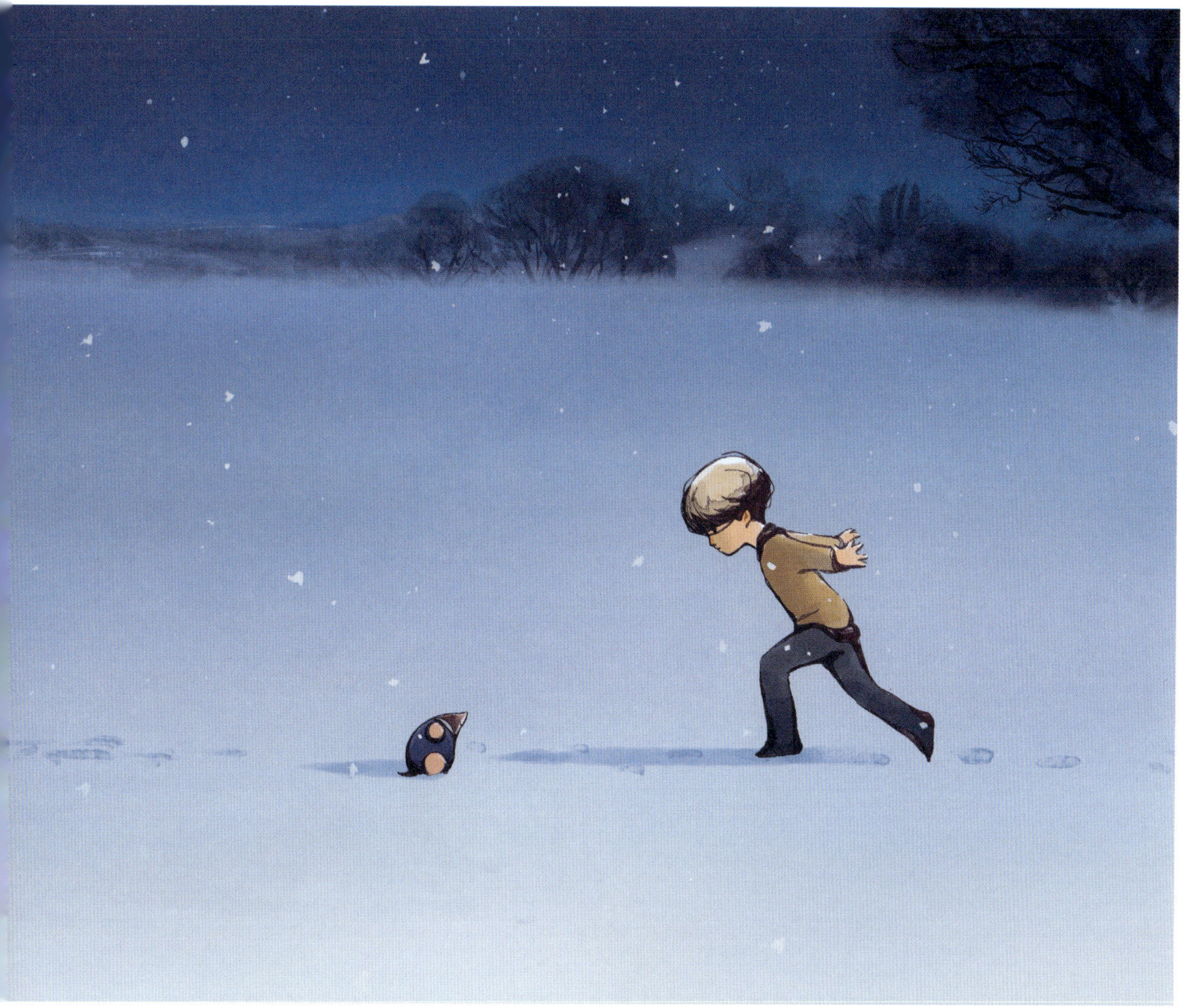

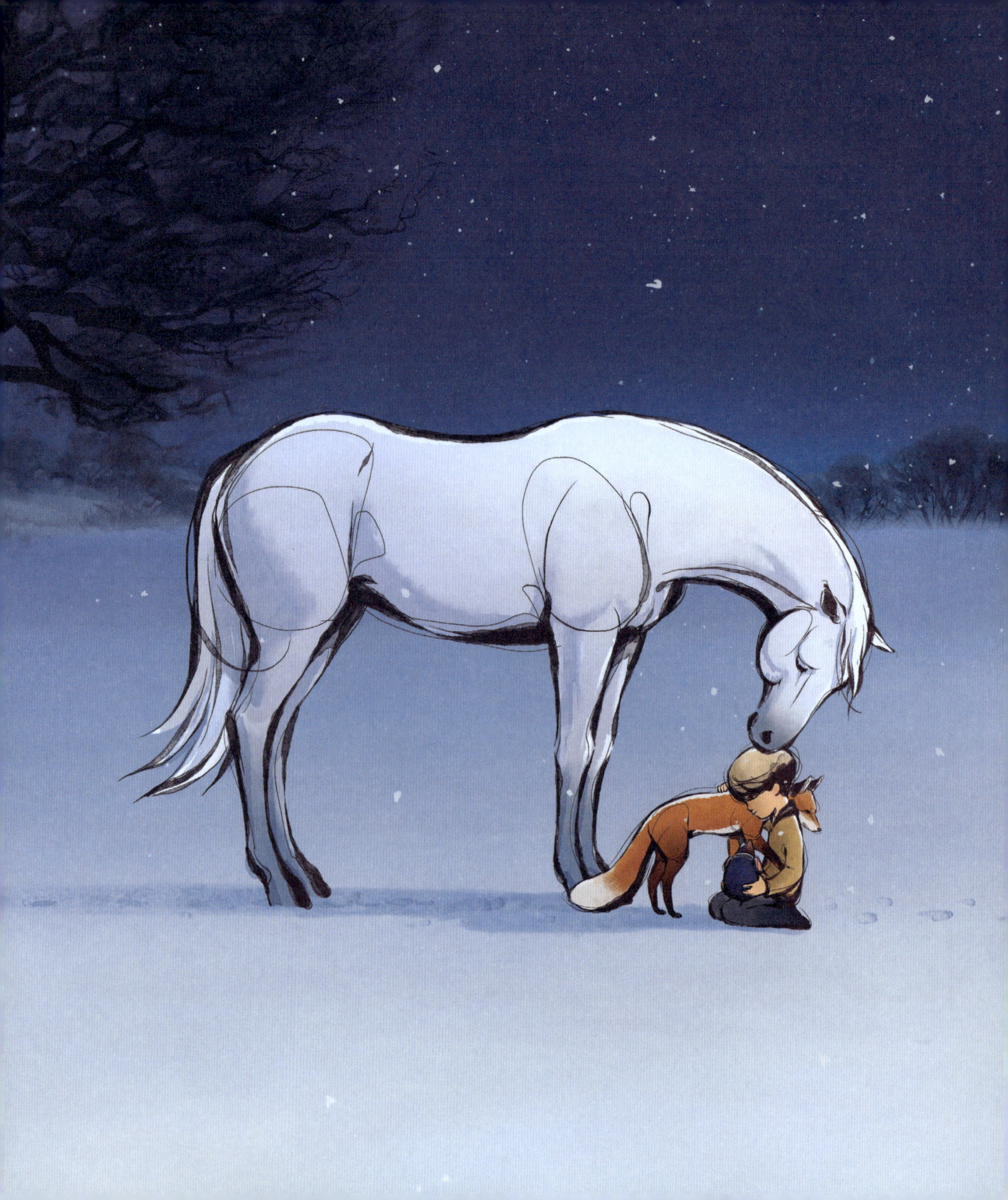

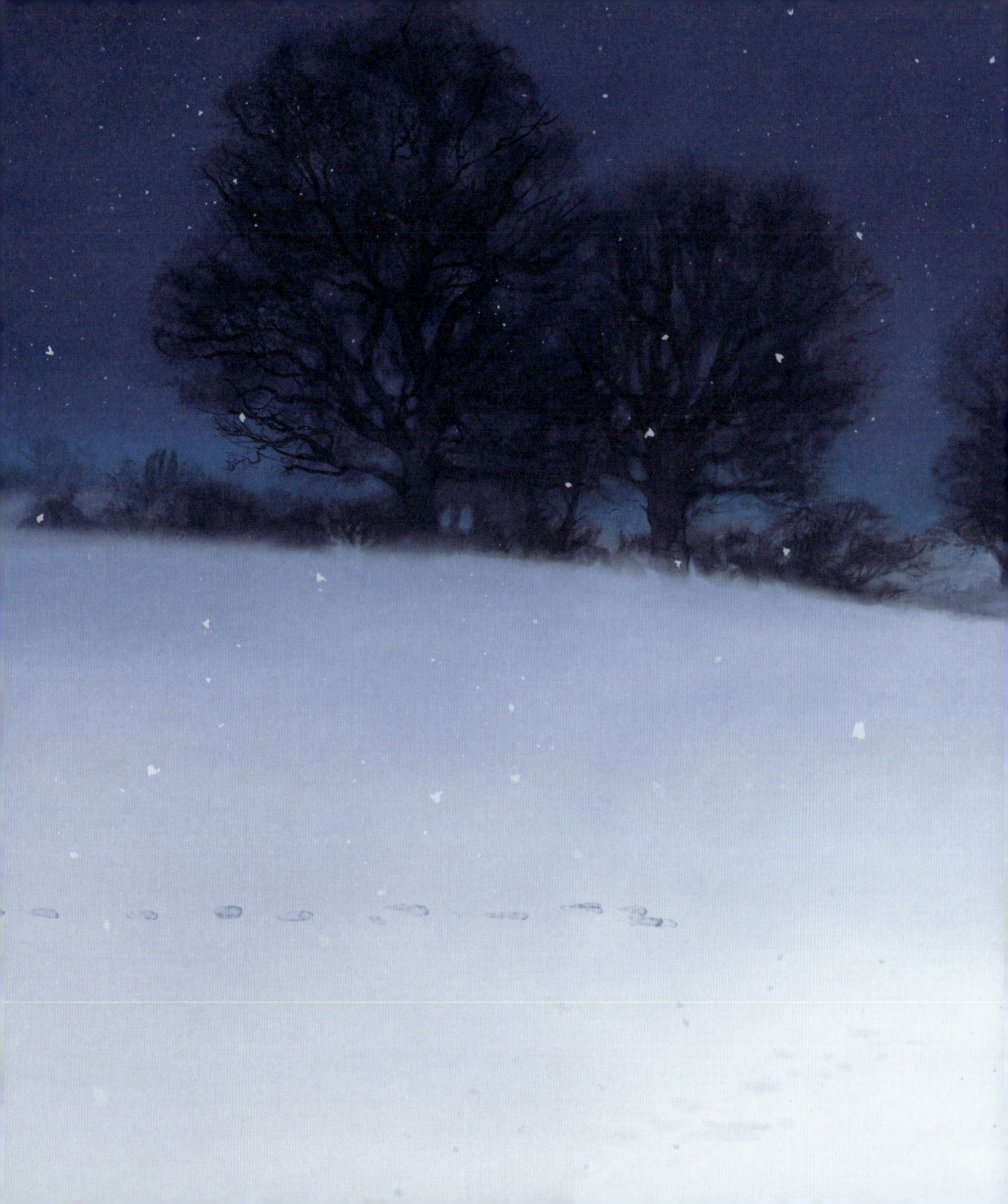

— Bem, isso é quente — disse a toupeira.

— E muito aconchegante — falou a raposa.

— E olhe para as estrelas — acrescentou o cavalo.

— Vocês sabem tudo sobre mim? — perguntou o menino.

— Sabemos — respondeu o cavalo.

— E me amam mesmo assim?

— Nós o amamos mais ainda.

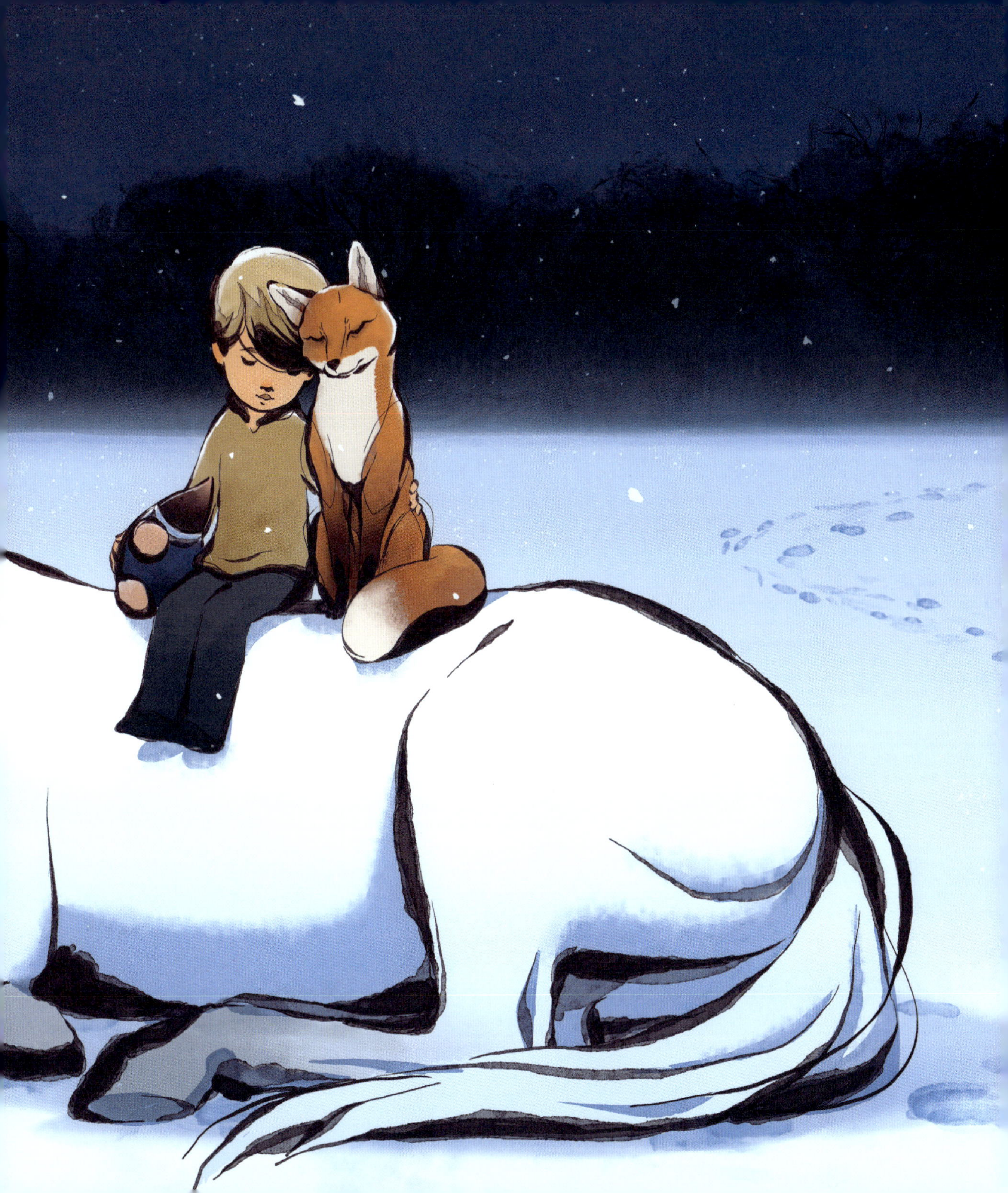

– É por isso que estamos aqui, não é? – sussurrou o menino.

– Para comer bolo? – animou-se a toupeira.

– Para amar... e sermos amados.

THE BOY, THE MOLE, THE FOX AND THE HORSE

A Matthew Freud Production | A Charlie Mackesy Film

Directed by
PETER BAYNTON &
CHARLIE MACKESY

Produced by
CARA SPELLER
MATTHEW FREUD
J.J. ABRAMS & HANNAH MINGHELLA

Adapted by
JON CROKER & CHARLIE MACKESY

Art Director
MIKE McCAIN

Background Artists
JULIEN DE MAN
YINFAOWEI HARRISON
SUZIE KELLETT
LIA MCHEDLISHVILI
ALEXANDRIA NEONAKIS
ŁUKASZ PAZERA
ROMY YAO
JENNY YU

Visual Development
PETER BAYNTON
MIKE McCAIN
ANDREA MINELLA
TIM WATTS

Story Artists
PETER BAYNTON
ANDREW BROOKS
KARTIKA MEDIANI
WILLIAM SALAZAR
ROB STEVENHAGEN
ARJAN WILSCHUT

Layout Artists
MARCO CASTIELLO
NORBERT MAIER
SERGIO MANCINELLI
LIA MCHEDLISHVILI
NEAL PETTY
HANNES STUMMVOLL

Animation Supervisors
TIM WATTS
GABRIELE ZUCCHELLI

Animators
MARLÈNE BEAUBE
JEREMIE BECQUER
MURRAY DEBUS
TIM DILLNUTT
GARY DUNN
BISHOY GENDI
DARYL GRAHAM
REG ISAAC
LAURENT KIRCHER
PETER LOWEY

Animators – continued
ANDY McCOLL MCPHERSON
FERNANDO MORO
WILLIAM SALAZAR
MARIO SERRANO HERVAS
ANDREA SIMONTI
MARIA TORREGROSA DOMENECH
THIERRY TORRES RUBIO
TIM WATTS
ANDREAS WESSEL-THERHORN
PAUL WILLIAMS
GABRIELE ZUCCHELLI

FX Animator
RAYMOND PANG

Clean Animation Supervisor
SETAREH ERFAN

Lead Key Ink Animator
ANDREA MINELLA

Clean Animation Leads
DAVID LEICK-BURNS
JAY WREN

Key Ink Animators
JUDIT BOOR
KATERINA KREMASIOTI
JESSICA LESLAU
ALISON OXBORROW
PATRICK SELBY

Clean Animation Artists
CHRISTOPHER ABOIRALOR
MAGUI ALONSO
ALEXANDRA SASHA BALAN
NILI BHAVSAR
BEATRICE BORGHINI
VICTORIA BUDGETT
RON CHEVARIE
HARRY DAVIDSON
ANGELINE DE SILVA
LOIS DE SILVA
NICOLA JANE FRANCIS
ANDREA FRIEDRICH
GERRY GALLEGO
PAFO GALLIERI
RAQUEL JUAN MAESTRE
LAUREN KIRKWOOD
SAFFRON MACKIE
LISA O'SULLIVAN
NATASHA POLLACK
GEMMA ROBERTS
ESTEFANÍA ROMÓN
CLARA SCHILDHAUER
KATHERINE SPANGENBERG
CRISTINA URSACHI
ASH J. WU

Clean Animation Artist – Tones
KATARZYNA MENCFEL-WENGLARCZYK

Clean Animation Artists – Mattes
LEROY AYTON
LEWIS CAMPBELL
JACK LANGRIDGE GOULD
WAYNE MASLIN
MONICA SCANLAN
FABIOLA TENORIO

Clean Animation Artists – Shadows
JENNIFER DUCZMAL
ANDREW STADLER
DAVID WEGMANN-SERIN

Lead Compositor
NICK HERBERT

Compositors
MARTIAL COULON
VALÉRIE GUICHARD
NAYRA PARDO ONATE
JOHNNY STILL

Line Producers
DIMITRI ANASTASAKIS
ELLEN COLLINS

Production Managers
DELPHI LYTHGOE
JULIE MURNAGHAN

Production Coordinator
ANNA FITZSIMONS

Additional Production Support
LIZ MACKE

Production Accountant
IWONA SOBIECKA

Development Coordinator
DELPHI LYTHGOE

VFX Supervisor
NEIL RILEY

Specialist Systems Support
BENEDICT WOOD

Editor
DANIEL BUDIN

Music Composed by
ISOBEL WALLER-BRIDGE

*Sound Designer, Sound Mixer
& Sound Editor*
ADRIAN RHODES

Colourist
THOMAS URBYE

Agradecimentos

Há tanta gente incrível que contribuiu para este livro que é difícil saber por onde começar.

Obrigado: Matthew, Callan, Helen, Rhydian e Louise.

Ao brilhante Colm, que costurou este livro. ♡

Obrigado a toda a equipe de produção do filme; todos começaram como colegas e acabaram meus amigos. Cara, Peter, Delphi, Mike, Seti, Tim e Gabriele, Nick, Andrea, Julie, Dimitri, Daniel, Jon, Iso e Richard, Laura, Joel, Alice, Lucy, Becky e Lara. E também JJ, Hannah e John. Obrigado.

A todos nas redes sociais pelo entusiasmo.

E a Sara, Christopher e Daisy, e Barney, Gracie e minha querida mãe. ♡

Por fim, meus agradecimentos a você, leitor.

x

TÍTULO ORIGINAL: THE BOY, THE MOLE, THE FOX AND THE HORSE: THE ANIMATED STORY
COPYRIGHT © WELLHELLO PUBLISHING LIMITED
ARTES DO FILME POR WELLHELLO PRODUCTIONS LIMITED
COPYRIGHT DA FONTE DE CAPA E MIOLO © CHARLIE MACKESY
O DIREITO MORAL DO AUTOR FOI ASSEGURADO

TODOS OS DIREITOS RESERVADOS. NENHUMA PARTE DESTE LIVRO PODE SER UTILIZADA OU REPRODUZIDA SOB QUAISQUER MEIOS EXISTENTES SEM AUTORIZAÇÃO POR ESCRITO DOS EDITORES.

NENHUMA PARTE DESTE LIVRO PODE SER UTILIZADA OU REPRODUZIDA, SOB QUAISQUER MEIOS EXISTENTES, PARA O TREINAMENTO DE TECNOLOGIAS OU SISTEMAS DE INTELIGÊNCIA ARTIFICIAL SEM AUTORIZAÇÃO PRÉVIA DOS EDITORES. ESTA OBRA ESTÁ PROTEGIDA DE INCLUSÃO EM BASE DE DADOS – ARTIGO 4º, Nº 3, DA DIRETIVA (UE) 2019/790.

PUBLICADO ORIGINALMENTE COMO THE BOY, THE MOLE, THE FOX AND THE HORSE: THE BOOK OF THE FILM PELA EBURY PRESS, SELO DA EBURY PUBLISHING. A EBURY PUBLISHING É PARTE DO GRUPO PENGUIN RANDOM HOUSE.

TRADUÇÃO: LIVIA DE ALMEIDA
PREPARO DE ORIGINAIS: ALICE DIAS
REVISÃO: HERMÍNIA TOTTI E SHEILA LOUZADA
DESIGN: COLM ROCHE | IMAGIST
ADAPTAÇÃO DE CAPA: GUSTAVO CARDOZO
CRIAÇÃO DA TIPOLOGIA DE CAPA E MIOLO: WILLIAM COLLINS
CAPA: CHARLIE MACKESY
IMPRESSÃO E ACABAMENTO: C&C OFFSET PRINTING CO., LTD. (CHINA)

CIP-BRASIL. CATALOGAÇÃO NA PUBLICAÇÃO
SINDICATO NACIONAL DOS EDITORES DE LIVROS, RJ

M143M MACKESY, CHARLIE.
   O MENINO, A TOUPEIRA, A RAPOSA E O CAVALO: A HISTÓRIA EM MOVIMENTO / [TEXTO E ILUSTRAÇÃO] CHARLIE MACKESY ; [TRADUÇÃO LIVIA DE ALMEIDA]. - 4. ED. - RIO DE JANEIRO : SEXTANTE, 2024.
   192 P.

   TRADUÇÃO DE: THE BOY, THE MOLE, THE FOX AND THE HORSE: THE ANIMATED STORY
   ISBN 978-65-5564-489-0

   1. FICÇÃO INGLESA. I. ALMEIDA, LIVIA DE. II. TÍTULO.

22-78765   CDD: 823
                             CDU: 82-3(410.1)

GABRIELA FARAY FERREIRA LOPES - BIBLIOTECÁRIA - CRB-7/6643

TODOS OS DIREITOS RESERVADOS, NO BRASIL, POR GMT EDITORES LTDA.
RUA VOLUNTÁRIOS DA PÁTRIA, 45 – 14º ANDAR – BOTAFOGO
22270-000 – RIO DE JANEIRO – RJ
TEL.: (21) 2538-4100 – E-MAIL: ATENDIMENTO@SEXTANTE.COM.BR
WWW.SEXTANTE.COM.BR

ESTE LIVRO É IMPRESSO EM PAPEL CERTIFICADO PELO FOREST STEWARDSHIP COUNCIL®.